# 新装版　神との対話1

宇宙をみつける　自分をみつける

●

ニール・ドナルド・ウォルシュ
吉田利子＝訳



SB
サンマーク
文庫

献辞

母、アン・M・ウォルシュへ
神が存在することを教えてくれたばかりでなく、神は最高の友人だというすばらしい真実に心を開かせてくれたことに、
また、母であるというだけでなく、わたしに神への、そして善《よ》きものへの憧《しょう》憬《けい》と愛を教えてくれたことに感謝して。
お母さんはわたしが最初に出会った天使でした。

そして父、アレックス・M・ウォルシュへ
小さいころからいつも、「なあに、たいしたことはないよ」「答えがノーだなんて思う必要はないんだよ」「自分で幸運をつくっていくんだよ」と言い聞かせてくれたことに、
さらに「きみが見ているのは一部で、その源はもっともっと豊かなんだ」と教えてくれたことに感謝して。
恐れなくていい、ということを最初に経験させてくれたのはお父さんでした。

## 謝辞

第一に、そしていつも、いつまでも、この本のすべての源、人生のすべての源、生命そのものの源に感謝したい。

第二に、あらゆる宗教の聖者、賢者を含め、精神的な師と仰ぐひとびとに感謝したい。

第三に、誰でも生きているあいだに、分類したり説明したりできないほど深い意味のある大切なひとたちと出会う。智恵を分かちあい、真実を語り、過ちや弱点に苦しむわたしたちを忍耐強く見まもってくれるひとたち、そのうえ、わたしたちの最も良いところを見抜いてくれるひとたちだ。彼らはまた、わたしたちを受け入れ、自分でも望んでいない部分を否定することで、わたしたちを育《はぐく》んでくれるひとたちである。

わたしにとって、そのひとたちとは両親のほか、サマンサ・ゴースキ、タラ-ジュネル・ウォルシュ、ウェイン・デイヴィス、ブライアン・ウォルシュ、マーサ・ライト、故ベン・ウィルズ・ジュニ、ローランド・チェンバーズ、ダン・ヒッグズ、C・ベリー・カーター二世、エレン・モイヤー、アン・ブラックウエル、ドーン・ダンシング・フリー、エド・ケラー、ライマン・W・(ビル)・グリズウォルド、エリザベス・キューブラー＝ロス、そして親友のテリー・コール・ホイッタカーといったひとたちだった。

また、プライバシーをまもりたいので名前はあげないが、わたしの人生において果たしてくれた役割を理解し、感謝していることを示すために、元配偶者たちもそのなかに加えたい。

このすばらしいひとたちの贈り物には感謝の言葉もないが、なみはずれた智恵と優しさと愛情をもち、人間関係についてのわたしの最高の考えが必ずしも幻想ではないこと、夢は実現するということを教えてくれた良き助力者、配偶者、パートナーであるナンシー・フレミング・ウォルシュを思うと、胸の奥に温かいものがこみあげてくる。

第四、そして最後に、一度も会ったことはなくても、生き方と業績に大きな感銘を覚えたひとたちがいる。このうえない喜びと、人間についての深い洞察、それにシンプルで純粋な「生命への温かな共感」(Lifegefeelkin:これはわたしの造語だが)のひとときを与えてくれた、そんなひとたちにも感謝しておきたい。

誰かに人生の真実を教えられる、それがどれほど輝かしい体験か、みなさんもきっとご存じだろう。わたしの場合、その誰かとは、ほとんどがすぐれた創造的な芸術家だった。芸術によってわたしたちはインスピレーションを与えられ、ひとり静かに思いをめぐらす。芸術こそ、わたしたちが神と呼ぶ存在をいちばん美しく表現しているからだ。

そこで、つぎのかたがたにも謝辞を捧《ささ》げたい。歌によって魂《たましい》をゆさぶり、人生の可能性への新しい希望を満ちあふれさせてくれたジョン・デンヴァー、その著作にはわたしとそっくりの経験が書かれているので、まるで自分のことのような気がしたリチャード・バック、監督と演技と音楽でわたしの心をくり返しとりこにし、何が真実かをただ知るだけでなく、感じさせてくれたバーブラ・ストライサンド、そしてそのいきいきしたヴィジョンと誰にもまねのできない独特の方法で問いと答えを与えてくれた文学者、故ロバート・ハインラインに。

## はじめに

これからあなたは、とてつもない経験をする。神との対話が始まるからだ。そう、そのとおり、わかっている……**そんなことは不可能だ**。あなたはきっと不可能だと考えている(あるいはそう教えられている)。神に語りかけることはできても、神と対話することはできない。**神は答えてはくれない**。少なくとも、神と友だちのような会話ができるはずはない、と。

わたしもそう思っていた。ところが、この本という出来事が起こった。文字どおり起こったのだ。これはわたしが書いた本というより、わたしの身に起こった本だ。そして、お読みになれば、きっとあなたの身にも起こるだろう。**誰でも、準備ができたとき真実へと導かれるからだ**。

この対話については、黙っていたほうがずっと楽だったと思う。だが、この対話が行われたのは、楽をするためではなかった。だから、この本のために(神を恐れぬ者、インチキ、これまで真実の生き方をしてこなかった偽善者、あるいはもっと悪いことに聖者などと呼ばれて)苦労することになっても、もう立ち止まることはできない。それに、立ち止まりたいとも思わない。この出来事のすべてに背を向けようとすればできたが、わたしはそうしなかった。ここにお見せする内容について、世間の言葉に耳を傾けるよりも、自分の直感に従おうと決めたからだ。

この本はナンセンスでもなく、欲求不満の想像力の暴走でもなく、人生の過ちを弁解しようとする男の自己正当化でもない。わたしの直感がそう語っている。じつはわたしもそれが不安だった。そのすべての可能性を考えた。そこで、原稿を何人かに読んでもらったところ、みんなが感動し、泣いた。この本にこめられた喜びやユーモアに笑い、胸を打たれ、力を得た。おおぜいのひとが、自分は変わったと言った。

おおぜいのひとが、この本のおかげで自分は変わったと語ってくれた。

この本はすべてのひとのためのものだ、出版されなければならないと気づいたのは、そのときだ。この本は、一心に答えを求めているひとたち、まじめに問いかけているひとたちへのすばらしい贈り物だ。真剣な心と、魂のあこがれと、開かれた精神をもち、真実を求める旅を始めたひとたちすべてへの、すばらしい贈り物だ。つまりは、**わたしたちみんなの本なのだ。**

この本は、わたしたちがこれまでいだいてきた疑問について、すべてとはいかなくても、ほとんどをとりあげている。人生と愛、目的と働き、ひとと人間関係、善と悪、罪と罪悪感、赦《ゆる》しと償い、神への道と地獄への道など、じつにさまざまなことが話題になっている。セックス、力、金、子供、結婚、離婚、ライフワーク、健康、将来、過去と現在……**すべ**

**てが**率直に語られている。戦争と平和、知と無知、与えることと奪うこと、喜びと悲しみについて探っている。具象と抽象を、見えるものと見えないものを、真実と真実でないものが見つめられている。

この本は「神の最も新しい言葉」と言うこともできるだろう。ただ、ひとによっては、とまどうかもしれない。とくに神は二〇〇〇年前に語るのをやめたと考えているひと、神がいまも語りつづけているとしたら、それは聖者、巫女《みこ》、あるいは三〇年、二〇年、どんなに譲歩しても一〇年は瞑想《めいそう》した者にだけだ、と思っているひとたちだ（わたしはそのどれにもあたらない）。

ほんとうは、神はすべての者に語りかけている。善人にも悪人にも。聖者にも俗人にも。そして、もちろん、そのいずれでもないわたしたちにも。たとえば、あなた。神はさまざまな方法であなたの人生を訪れる。この本もそのひとつだ。〝生徒の準備が整ったところで、教師が現れる〟という古い格言がある。この本はあなたの教師なのだ。

この対話が始まってまもなく、わたしは神と話しているのだと気づいた。神が個人的に直接、わたしの質問にわたしの理解力にみあったかたちで答えているのだと。神は、わたしに理解できそうなさまざまな方法や言葉で答えてくれた。この本の大半が話し言葉で書かれているのも、ときどき、わたしがほかの場所で知ったことがらやこれまでの経験が記されているのも、そのためである。いまのわたしにはわかるのだが、**人生のすべては神の**

**もとから送られてきている。**そのすべてを集め、足しあわせれば、これまでのあらゆる質問に対する完璧《かんぺき》な答えになる。

そして、対話の途中で、わたしは本が生まれかけているのを知った。出版されるべき本だ。事実、対話の後半で（一九九三年二月だった）、復活祭の日曜日から翌年の復活祭の日曜日までに一冊ずつ、三年かけて三冊の本ができるだろうと教えられた。つぎの三冊の本である。

①一冊めはおもに個人的なことがら、ひとりひとりの人生における、課題と機会について。

②二冊めはもっと世界的なことがら、地球上の地政学的、形而上学《けいじじょうがく》的な生活について、世界が直面している課題について。

③三冊めはさらに高い秩序、宇宙の真実について、そして魂の課題と機会について。

本書はそのうちの一冊めで一九九三年二月に完成した。念のために説明しておけば、この対話を書きとめているとき——まるで神が大声で叫んだように——強く響いてきた言葉や文章には下線を引いたり、マルで囲んだりした。それが本書のなかで書体を変えてある部分である。

ここで言っておかなければならないが——この本のなかに記されている智恵を何度も何

度も読み返して、わたしはこれまでの人生を深く恥じた。過ちや愚行を重ね、恥ずべき行為をし、はたから見ればひとを傷つける許しがたい選択や決意を何度もしてきたわたし。ひとを苦しめたことについては自責の念に堪えない。しかし、そうした経験を通して学んだことには言葉にならないほど感謝している。また、これからも人生で出会うひとたちに多くのことを学ばなければならないと思っている。理解が遅いことについては、みんなにあやまらなければならない。だが、神は、自分の欠点を許しなさい、恐怖と罪悪感をいだいて生きるのではなく、つねにより大きなヴィジョンに向かって生きる努力を続けなさいと励ましている。

神がすべてのひとにそう望んでいるのが、わたしにはわかる。

ニール・ドナルド・ウォルシュ
一九九四年　クリスマスに
オレゴン州セントラル・ポイントにて

※編集部注：基本的に「わたし」の言葉は明朝体、神の言葉はゴシック体で表記してあります。それぞれの文中で、さらに書体を変えてある部分が、著者に「強く響いてきた言葉や文章」です。

## 新装版　神との対話1　Conversations with God 1　目次

謝辞　4
はじめに　7
第1章　18
人生は、自分が何者であるかを思い出すため、創りなおすためにある。
人生は学校ではない。学校は知りたいことを知るために行くところだ。
人生は、すでに知っていることを体験する機会だ。
第2章　108
自分の信念をもち、自分の価値観に従いなさい。

それがあなたの親、その親の親の価値観、友人、社会の価値観なのだ。
あなたが幸福かどうか知っているのは、あなただけだ。

第3章 126

宇宙には「良い」状況も「悪い」状況もないと、第一に理解しなさい。
すべてはあるがままにすぎない。第二に、すべての状況は一時的だ。
そして、それがどちらの方向に変わるかはあなたしだいだ。

第4章 152

自分がふさいだり、落ちこんだりしていると思ったら、考えなおしなさい。
そんなことをしていても何にもならないと思ったら、考えなおしなさい。
やりなおしたいと思うのなら、人生は何度でもあるから。

第5章 164

何かから離れることはできない。相手は地獄までもあなたについてくる。
それならば、どんな誘惑にも抵抗しないことだ。ただし、そこから顔をそ

むけて歩きなさい。この旅は、目的地に「行き着かない」旅ではないのだ。

第6章 182
思考が行動になれば救える。あらゆるところでおおぜいのひとたちが、環境を救うために、何かしなくてはいけないと信じるようになれば、あなたがたは地球を救える。だが、急がなければいけない。

第7章 190
親として配偶者として、愛し愛される者として、あなたの愛を相手をしばる接着剤にしてはならない。愛する者を世界に押し出しなさい。彼らが自分自身を体験できるようにしなさい。それがほんとうの愛だ。

第8章 210
人生に特別な相手が現れて自分が満たされる、というのは、非常にロマン

ティックだ。
だが、人間関係の目的は相手に満たしてもらうことではなく、「完全な自分」を分かちあう相手をもつことだ。

第9章 254
「ほんとうの自分であること」はたやすいと思っているかもしれない。
だが、それは人生でいちばんの難題だ。決して実現できないかもしれない。
ほんとうにそれができるひとは、ごく少ないからだ。

第10章 274
わたしもあなたを愛している。

第11章 276
あなたには、すべてについての根となる思考がある。
金が足りない、時間が足りない、愛が、水が、食べ物が、世界に同情が足りない。

良いものはすべて足りないという集合的な意識が、いまの世界を創造している。

第12章 292

ほんとうにしたいことを、どんどんしなさい！　ほかのことをしてはいけない。

もう、あまり時間はない。生活のためにしたくもないことをして人生の時間をむだにしようなどと、どうして考えるのか？

第13章 322

ほとんどのひとは、まったく無意識に病気を創り出している。

なのに、病気になったとき、よそから何かが降ってきたように感じる。

それは単に健康の問題ではなく、人生を無意識に生きているからだ。

第14章 348

どこででもわたしの声を聴きなさい。あなたの世界に目を開きなさい。

わたしの答えは、すでに発表されている記事、制作中の映画、愛するひとの口から出かかっている言葉、これから知りあう友人の心のなかにある。



本文レイアウト――櫻井浩(⑥Design)
校正――株式会社鷗来堂

# 1

一九九二年の春——復活祭のころだったと記憶しているが——驚くべきことが起こった。神がわたしに語りはじめたのだ。わたしを通じて神は語った。

説明しよう。

そのころわたしは、私生活でも仕事の面でも、苦しんでおり、不幸で、どちらを向いても自分の人生は失敗だと感じていた。以前から何か考えると手紙を書く癖があったので（ふつうは、書くだけで投函《とうかん》はしなかった）、気持ちを吐き出してしまおうと、いつものように黄色い便箋《びんせん》をとり出した。

このときは、自分を苦しめている相手ではなく、もっと奥にある根源に直接、思いをぶつけたかった。人間を苦しめている根源、最も偉大な相手だ。わたしは神に宛《あ》てて手紙を書こうと考えた。

悪意のある激しい、混乱と歪曲《わいきょく》と罵倒《ばとう》に満ちた手紙になった。それに怒りをこめた問いのかずかずが並んだ。

どうして、わたしの人生はうまくいかないのか。うまくいくためには、何が必要なのか。どうして、わたしは幸福な人間関係を結べないのか。どうして、いつまでたっても金に困りつづけていなければならないのか。そして最後に——これがいちばん大きな質問だったが——**こんなに、もがきつづけていなければならないなんて、わたしがいったい何をしたというのか。**

驚いたことに、回答のない苦々しい質問を書き終えてペンを放り出そうとしたとき、わたしの手は見えない力で押さえられているように、紙にのったままだった。ふいに、ペンが勝手に動きはじめた。何を書こうとしているのか、予想もつかなかったが、わたしはともかく手が動くのにまかせた。すると……。

あなたはほんとうに、すべての質問の答えを知りたいのか、それとも八つ当たりをしてみただけなのか?

わたしは目をしばたたいた……突然、返事が浮かんだ。わたしは、その返事を書き記した——。

両方です。たしかに八つ当たりした面もあるが、答えがあるものなら、もちろん、「絶対に」(地獄のように確実に:sure as hell)知りたい!

あなたは「絶対に」（地獄のように確実に：sure as hell）と……よく言うね。だが、「天国のように確実に：sure as heaven」と言うほうが良くはないかな？

それは、どういう意味なのですか？

わたしは書いた——。

こうして、気づいたときには、対話が始まっていた……わたしは書くというよりも、**口述筆記**をしているようなものだった。

この口述筆記は三年続いたが、最初は何が起こっているのか理解できなかった。答えは、質問を書き終わり、**わたし自身の考えが消えてから、**はじめて現れた。手の動きより答えのほうが速いので、走り書きになった。混乱したり、この言葉はどこからくるのだろうとよけいな思いにとらわれたときには、いったんペンを置いて立ちあがり、ふたたび「霊感」を感じてから——「霊感」としか言いようがない——またデスクに戻って、筆記した。

対話は、いまも続いている。この本には、その大半が記されている……最初は自分でも神と対話したなどとは信じられなかった。つぎには、自分にだけ価値のあるものだと思った。だが、いまではわたしだけのものではないことがわかっている。この対話はあなたに向けて、これを目にするすべてのひとに向けて行われたものだ。わたしの問いはあなたの問いでもあるのだから。

できるだけ早く、あなたもこの対話に参加してほしい。ほんとうに大切なのは、**わたし**の物語ではなくて**あなた**の物語なのだ。あなたをここに導いたのは、**あなたの人生**だ。この対話はあなた自身にも重要な意義をもっている。そうでなければ、あなたはいま、こうしてこれを目にしてはいなかったはずだ。

そこで、まずわたしが長いあいだいだきつづけてきた問いから対話を始めることにしよう。神はどんなふうに、誰に語りかけるのか。そう聞いたときの、神の答えはこうだった。

わたしはすべての者に、つねに語りかけている。問題は、誰に語りかけるかではなく、誰が聞こうとするか、ではないか？

興味をそそられたわたしは、もっと詳しく説明してくれと頼んだ。すると、神はこう言った。

第一に、**「語る」**ではなく、**「コミュニケートする」**と言うことにしよう。神とのコミュニケーションは、言葉よりもすぐれた、言葉よりずっと豊かで正確なものだからだ。言葉で語りあおうとすると、とたんに言葉のもつ制約にしばられることになる。だからこそ、わたしは言葉以外でもコミュニケートする。それどころか、言葉はめったに使わない。いちばん多いのは、**感情**を通じたコミュニケーションだ。

**感情は、魂の言語だ。**

何かについて、自分にとっての真実を知りたいと思ったときには、自分がどう**感じるか**を探ってみればいい。

感情というものは、なかなか見つからない。自覚するのはさらにむずかしい。だが、最も深い感情のなかに、最も高い真実が隠されている。要はこの感情をつかむことだ。どうすればいいか教えてあげよう。もちろん、あなたが知りたければ、ね。

わたしは、知りたいと答えた。だが、その前に、最初の質問にもっとていねいに答えてほしいと言った。すると、神はこう答えた。

わたしはコミュニケーションの手段に**思考**も使う。思考と感情は同じではないが、同時に生まれることがある。思考を通じたコミュニケーションには、イメージや画像が使われる。だから、単なる言葉よりも思考のほうが、コミュニケーションの道具として効果的だ。

感情と思考のほかにもうひとつ、経験という、偉大なコミュニケーション手段がある。

感情と思考と経験のすべてが失敗したとき、最後に言葉が使われる。言葉はじつは、最も非効率的なコミュニケーション手段だ。最も曲解されやすいし、誤解されやすい。どうしてか？ それは言葉の性質のためだ。言葉はただの音にすぎない。感情や思考や経験の代用だ。シンボル、サイン、しるしでしかない。真実ではない。ほんものではない。言葉は理解の助けにはなる。あなたがたはものごとを、経験によって知ることができる。しかし、経験できないこともある。だからわたしは、知るためのほかの手段を与えた。それが感情と呼ばれるものであり、思考と呼ばれるものである。

**さて、皮肉なことに、あなたがたは神の言葉ばかりを重視し、経験をないがしろにしている。**

経験をないがしろにしているから、神を経験しても、それが神について教えられていたことと違うと、たちまち経験を捨てて言葉のほうをとる。ところが、ほんとうは逆であるべきなのだ。

経験や感情によって、ひとは直感的に知る。いっぽう、言葉は知っていることをシンボル化しようとする試みにすぎず、混乱の原因になることも多い。

ところで、わたしは経験や感情、言葉をコミュニケーションの道具として使うが、経験や感情、言葉のすべてがわたしからのコミュニケーションだというわけではない。すべての感情や思考、経験、それに言葉が、わたしから発せられたものだとは限らない。

わたしの名で、べつの者がたくさんの言葉を口にしてきた。わたしとは無関係なものによって、たくさんの思考や感情が支えられ、その結果、たくさんの経験が生まれてきた。神からのメッセージと、そうでないものとを見分けることは、なかなかむずかしい。この二つの違いはわかりにくい。区別するには、基本的なルールをすなおにあてはめなければならない。

**わたしのメッセージはつねに、あなたの最高の考え、最もくもりのない言葉、最も偉大な感情である。それ以外はべつの源から生じている。**

そう考えれば、簡単に区別できるだろう。どんなに未熟でも、いちばん気高く、くもりがなく、偉大なものはすぐにわかるからだ。

だが、念のために、もうひとつ指針を与えよう。

最高の考えには、必ず喜びがある。くもりのない言葉には真実が含まれている。最も偉大な感情、それは愛である。

喜び、真実、愛。

この三つは入れ替えることもできるし、互いにつながりあっている。順序は問題ではない。どのメッセージがわたしのもので、どれがほかからのものかを見分ける指針がはっきりすれば、あとはわたしのメッセージに耳を傾けるかどうか、それだけだ。

あなたがたは、あまりわたしのメッセージに耳を傾けていない。すばらしすぎて真実とは思えなかったり、むずかしすぎて従えないこともあるだろう。単純な誤解も多い。だが、ほとんどは、要するにメッセージを受けとっていないのだ。

わたしからのいちばん力強いメッセージは経験だ。ところが、それさえ、あなたたちは無視する。とくに、経験を無視する。

あなたがたが経験に耳を傾けさえすれば、世界はいまのようではなかったはずだ。経験に耳を傾けないから、あなたがたは何度も同じ経験をくり返さなければならない。いつまでも神の目的が妨げられ、神の意思が無視されつづけることはないからだ。遅かれ早かれ、あなたがたは神のメッセージを受けとることになる。

だが、わたしは強制はしない。おどすこともない。わたしは自由な意思と選択する力をあなたがたに与えた。それを奪うことは決してない。

だからこそ、わたしは何千年ものあいだ、世界のすみずみにまで、くり返して同じメッセージを送りつづけてきた。あなたがたがメッセージを受けとって、しっかりと握りしめ、これは自分のものだと言うまで、いつまででも送りつづける。

わたしのメッセージは何百ものかたちで、何千もの機会に、何百万年にもわたって送られる。本気で耳を傾ければ、必ず聞こえるはずだ。本気で聞けば、無視することはできない。そこで、実のあるコミュニケーションが始まる。過去、あなたがたはわたしに語りかけ、祈り、とり次ぎ、懇願するだけだった。だが、いまこそわたしから語りかけよう。いま、ここでしているように。

だけど、これがほんとうに神からのコミュニケーションだと、どうしてわかるのだろう？　わたしの想像の産物かもしれないじゃないか？

**たとえそうでも、それがどうだというのか。**わたしなら、あなたの想像を通して働きかけられるとは思わないか。わたしは、目的にぴったりの思考や言葉、感情を生み出すことができる。

あなたが自分で考えたのでは、こんなに明快に語れなかったと考えれば、これが神との対話であることがわかるはずだ。さまざまな疑問について、自分でこんなふうに語ることができたなら、いまさら問いかける必要はなかっただろう。

神は誰にコミュニケートしているのだろう？　特別なひとたちがいるのだろうか？　特別な時があるのだろうか？

すべてのひとは特別であり、すべての時は黄金である。ほかよりも特別なひと、特別な時というものはない。多くのひとは、神が特別な方法で、特別なひとにだけコミュニケートすると信じている。そのために、自分で神のメッセージを聞く責任はないと思っている。ましてメッセージを受けとる責任（これは、ただ〝聞く〟のとはべつのことだ）はないと考えて、いつもほかのひとの言葉ばかり聞いている。神の言葉は誰かほかのひとが聞いていると決めつけ、**そのひとたちの言うことを聞いているのだ。**神の言葉を聞いたというひとたちの言うことを聞いていれば、自分で**考える必要はなくなる。**

大半のひとがわたしのメッセージに背を向けている最大の理由は、そこにある。自分自身が神のメッセージを受けとったと認めれば、自分で考え、実行する責任が生じる。他人の解釈を受け入れているほうが(たとえその他人が二〇〇〇年前の者であろうとも)、いまこの瞬間にも受けとっているかもしれない神のメッセージを解釈しようと努力するより、はるかに楽で安全だ。

だがわたしはいま、新しいかたちの神とのコミュニケーションへ、あなたを導く。双方向のコミュニケーションだ。この方法へ導いたのは、じつはあなたのほうだ。わたしがいま、こうしてあなたのもとを訪れたのは、**あなたの呼び声に応えた**からだ。

一部の、たとえばキリストのようなひとたちは、どうしてほかのひとたちよりもうまくあなたとコミュニケーションがとれたのでしょう?

それは、ほんとうに耳を傾けようという意思をもっているからだ。聞こうという意思をもち、恐ろしくても、狂気のさたに思えても、まったく間違っているように思えても、コミュニケーションに向かって心を開きつづけるからだ。

間違っているように思われても、神の言うことに耳を傾けるべきだと言うのですか?

間違っていると思うときには、とくに耳を傾けるべきだ。何でも自分が正しいと思っていたら、どうして神と語る必要があるのか。

自分が知っているすべてをもとに進み、行動すればよろしい。しかし、人間は時が始まって以来、ずっとそうしてきたことを忘れるな。その結果、世界がどうなったかを見てごらん。明らかに、あなたがたには何かが欠けている。理解していないことがある。あなたがたは、自分が理解したことだけを正しいと思っている。なぜなら、あなたがたにとって「正しい」というのは、自分が同意したことをさす言葉だから。したがって、自分が理解できないことは、はじめのうちは「間違っている」と感じる。

前進するには、「わたしが『間違っている』と思ったすべてがほんとうは『正しい』としたら、どうだろう?」と自分に問うしかない。すぐれた科学者は、そのことをよく知っている。研究がうまくいかないとき、科学者はすべての前提を捨てて、一からやりなおす。偉大な発見はすべて、**「正しくない」**ことを恐れない意思と能力によってなしとげられた。

いまここで必要なのはそれだ。

自分はもう神を知っていると思うのをやめなければ、神を知ることはできない。神の言葉はすでに聞いたと思うのをやめなければ、神の言葉は聞こえてこない。

**あなたがたが自分の真実を語るのをやめなければ、わたしの真実をあなたがたに語ることはできない。**

でも、わたしが教えられた神についての真実は、**あなたからきたもの**でしょう。

誰がそう言ったのか？

ほかのひとたちが。

ほかのひとたちとは？

指導者たち。聖職者たち。ラビたち。僧侶《そうりょ》たち。本。それに**聖書**、そうだ、聖書です！

それは権威のある根拠ではない。

**権威のある根拠ではないんですか？**

そのとおり。

それでは、何が権威ある根拠なのですか？

自分の**感情**に耳をすますことだ。自分の最高の考えに耳を傾けなさい。自分の経験に耳を傾けなさい。そのどれかが、教師に教えられたことや本で読んだことと違っていたら、言葉のほうを忘れなさい。**言葉は真実の伝達手段として、いちばんあてにならない。**

あなたに言いたいこと、たずねたいことがたくさんあります。どこから始めたらいいかわからないくらいに。

たとえば、どうしてあなたは姿を現さないのですか。あなたがほんとうに神なら、どうしてわたしたちみんなが理解できる方法で現れてくださらないのですか。

わたしは何度も、何度も現れている。いまもこうして現れている。

いや、そうじゃないんです。わたしが言いたいのは、疑いの余地のない現れ方、否定しようのない現れ方のことです。

たとえば？

いま、わたしの目の前に現れるとか。

いま、そうしているではないか。

どこに？

あなたが見るものすべてに。

そうじゃないんです。わたしが言うのは、疑いの余地のない現れ方です。誰も否定できないような現れ方です。

それでは、どんな方法ならいいというのか？　どんなかたち、どんな姿で現れてもらいたいというのか？

ほんとうのあなた自身のかたち、姿で。

それは不可能だ。わたしには、あなたがたが理解できるかたちも姿もない。わたしは、どんなかたちや姿になることもできるが、そうすれば誰もが、自分の見たかたちや姿が多くのなかのひとつにすぎないとは思わず、それこそが神の唯一の姿だと思いこむだろう。ひとは、**「見えないもの」**ではなく、見たものをわたしだと信じる。しかし、わたしは偉大なる**「見えざるもの」**であって、ある瞬間のかたちや姿ではない。ある意味では、わたしではないものもすべてわたしなのだ。わたしは**「わたしではない」**ところからやってきたのだし、つねにそこへ戻っていく。

ところが、わたしがあるかたちやべつのかたち——ひとに理解できるかたち——をとると、ひとはそれがいつまでも変わらぬわたしだと思いこむ。

そこで、べつのひとにべつのかたちで現れると、最初の者は、二人めに現れたのは神ではないと言う。なぜなら、二人めに現れたわたしは、一人めに現れたわたしとは違う姿だし、べつのことを言うからだ。だから、神のはずがないと言う。

どのようなかたち、方法で現れるかは重要ではない。どのような方法を選び、**どのような**

**かたちで現れようとも**、疑いの余地がなくなることはありえない。

でも、あなたが疑いも問いもさしはさめない方法で、真実の自分を証《あか》す何かをしてくれたら……。

……それでもなお、それは悪のしわざだ、あるいはただの想像力の産物だと言う者がいるだろう。わたしではない者が引き起こした現象だと言うに違いない。わたしが全能の神、天と地の王者として姿を現し、それを証拠だてるために山を動かしてみせたら、「悪魔に違いない」と言う者がきっといるだろう。

それもそのはずだ。神は外からわかるかたちで、あるいは外界の現象を通じて出現するのではなく、そのひとの内的体験を通じて姿を現すのだから。内的体験を通じて現れるなら、外から見える姿は必要ない。外から見える姿が必要だというなら、内的体験は不可能だ。さらに、啓示が要求されるなら、啓示は不可能である。求めるのは、そこにはないからであり、啓示を求めるのは、神が見えないということだから。神が見えないと言えば、神は見えてこない。何かについて考えるというのは**創造的**な行為だし、言葉によっても創造が行われる。思考と言葉、この二つが合わされば、効果はますます大きくなり、現実が生まれる。したがって、啓示を求めると言えば、神が見えないという経験をするだろう。

**神が啓示されていれば、神の啓示を求めるはずはないから。**

それでは、欲しいものを求めることはできないのですか？　何かを祈るということは、**じつはそれを遠ざけることになるのですか？**

それは太古から問われてきた、そして問われるたびに答えが与えられてきた質問だ。だが、あなたがたは答えを聞こうとしなかったし、信じようとしなかった。その質問にふたたび、現在の用語、言葉で答えるとこうなる。

あなたは求めるものを手に入れられないし、欲するものを得ることもできない。求めるというのは、自分にはないと言いきることであり、欲すると言えば、まさにそのこと――欲すること――を現実に体験することになる。

**したがって、正しい祈りとは、求めたりすがったりすることでは決してなく、感謝である。**

現実に体験したいと考えることを前もって神に感謝するというのは、願いはかなうと認めることだ……。感謝とは神を信頼することだ。求めるより前に神が応えてくれると認めることだから。

決して求めたりすがったりせず、感謝しなさい。

でも、何かについて前もって神に感謝したのに、それが実現しなかったら？　きっと幻滅し、腹が立ちますよ。

感謝は神を**あやつる**手段ではない。宇宙をごまかす仕掛けではない。自分に嘘《うそ》をつくことはできない。自分の心はごまかせない。口では「これこれについて、神さまに感謝します」と言いながら、内心、願いが満たされていないと信じていたら、神はもちろんあなたが信じるとおりにする。

神はあなたの知っていることを知っている。あなたの知っていることは、あなたの現実になる。

だが、どうして、**そこにないとわかっていること**に心から感謝できるのですか？

信念だ。けし粒ほどの信念があれば、山を動かすことができる。わたしがあると言えばあることがわかるだろう。あなたが求めもしないうちに応えてあげるとわたしは言っている。あなたが選ぶこと、わたしの名で選ぶことはかなえてあげると、わたしはあなたがたずねるより前に、あらゆる方法で、あらゆる教師を通じて、言ってきた。

しかし、祈りがかなえられなかったというひとは、おおぜいいます。

どんな祈りでもかなえられる。祈りとは、これが現実ですと認めることだから。そして、どんな祈りも、どんな考えや思い、感情も、創造につながる。

祈りがかなえられないというときは、じつは、最も強く信じている思考や言葉、**感情が作用している。**あなたが知っておかなければならない大切な秘密は、思考の陰にはつねにもうひとつの思考、「思考を支える思考」とでも言うべきものがあって、それが、思考を**コントロールしている**ということだ。

つまり、何かを求めたり、願ったりしたら、望んだことがかなう可能性は非常に小さい。なぜなら、「欲求を陰で支えている思考」というのは、「望みはかなっていない」という思いだから。**そちらのほうが現実になるのだ。**

支えとなる思考のなかで、「望みがかなっていない」という思いよりももっと力強いのは、「神は必ず求めるものを与えてくれる」という信念、それだけだ。その信念をもっているひともいるが、非常に少ない。

神があらゆる求めに応じてくれると信じるのはむずかしいが、**そもそも求める必要はないのだと直感的にわかっていれば、祈ることはずっとやさしくなる。そのとき、祈りは感謝の祈りになる。求めるのではなく、望みがかなっていることをすなおに感謝するようにな**

**る。**

祈りとは、望みがかなっていることを感謝することだとしたら、神は何もしないのですか？ 祈りのあとで起こることはすべて、祈りという行為のおかげなのですか？

神が全能の存在で、すべての祈りを聞いて、一部には「イエス」、一部には「ノー」、一部には「そのうちいつか」などと答えると思っているなら、それは間違いだ。神は恣《し》意《い》的な基準に従って、決定したりはしない。

神があなたがたの人生すべての**創造者であり、決定者である**と信じているなら、それは誤解だ。

神は観察者であって、創造者ではない。神はあなたがたの人生を助けるが、あなたが期待しているような助け方はしない。

**人生の環境や条件を創造したり、しなかったりすることは、神の働きではない。**神は神の姿をかたどり、神に似せてあなたがたを創造した。残りは、神が与えた力によってあなたがたが創造したのだ。神は人生というプロセスと生命そのものを創造した。だが、神はあなたがたが自由に選べる選択肢を、人生を好きなように生きる力を与えた。

その意味では、**あなたがたの意思は、あなたがたに対する神の意思でもある。**

あなたの生き方はあなたの生き方であって、**わたしはそれを、良いだの悪いだのと判断したりしない。**

そのことで、あなたは大きな幻想をいだいている。あなたの行動に、神が関心を寄せていると思っている。

あなたが何をしようが、わたしには関心がない。そう聞くとつらいかもしれない。だが、遊びに出た子供たちが何をするかに、あなたは興味があるだろうか。子供たちが鬼ごっこをするか、かくれんぼをするか、ままごと遊びをするかと気にするだろうか。気にしないはずだ。なぜなら、子供たちが安全だということを知っているから。安心で楽しく遊べる環境に子供たちを置いているから。

もちろん、子供たちがけがをしないようにとは思っているだろう。もしけがをしたら、助けに行き、傷をなおしてやり、安心させてやり、幸せにしてやり、翌日はまた遊びに行けるようにしてやるだろう。それでも、子供たちが翌日、かくれんぼをしようと、ままごと遊びをしようと、どうでもいいはずだ。

もちろん、危険な遊びは教えておくだろう。だが、子供たちが危ない遊びをするのを止めることはできない。いつも、いつまでも、死ぬまで危険からまもってやることはできないのだ。

賢い親ならそれを承知している。だが、結果についての親の心配は決して消えない。この二分法――プロセスについてはあまり気にせず、結果について深く懸念《けねん》するということ――これが、神の二分法に近い。

もっとも、ある意味では、神は結果についても気にしてはいない。**究極の結果**については懸念していない。究極の結果は確実に決まっているからだ。

そこが、人間の第二の大いなる幻想だ。人生の結果が不確かだと思っている。究極の結果が不確実だと思うから、あなたの最大の敵が生まれる。不安だ。結果に確信がもてないから、創造者を疑う。神を疑う。**神を疑えば、**不安と罪悪感をいだいて生きることになる。

神の意図を疑い、究極の結果を生み出す神の力を疑っていたら、安らかでいられるはずがない。真の安らぎは感じられない。

神は意図する結果を生むだけの力をもっている。それがあなたがたには信じられない(たとえ、神は全能だと主張している者でも)。だから、あなたは**神に匹敵する力**を想像のなかで創り出し、神の意思が曲げられる方法を探し出そうとする。そうやって、神話のなかで「悪」と呼ばれるものを創り出した。神が(あなたと同じ方法で問題を解決すると考えて)悪という存在と闘っていると想像した。そのうえ、あなたは神がこの闘いに負ける可能性があるとまで想像した。

**すべて、あなたがたが知っているはずの神と矛盾するが、それはどうでもいい。**

**あなたは幻想のなかで生き、そのために不安を感じる。すべて、神を疑おうとしたことから生じているのだ。**

だったら、べつの決意をしたらどうか。そうしたら、どんな結果になるか。

それを教えよう。あなたがたは仏陀《ブッダ》のように生きるだろう。イエスのように生きるだろう。

これまで偶像化されたすべての聖者のように生きるだろう。

これらの聖者たちと同じように、あなたは理解されないだろう。あなたが感じる平穏や人生の喜びを、恍惚《こうこつ》感を説明しようとしても、ひとはあなたの言葉だけを聞いて、内容は理解しないだろう。あなたの言葉をくり返そうとして、べつの内容をつけ加えるだろう。

自分たちとは違う何をあなたは発見したのか、とひとは思うだろう。そして嫉妬《しっと》をつのらせるだろう。やがて、嫉妬は怒りになり、怒りに燃えたひとたちは、神を理解していないのはあなたのほうだと言い負かそうとするだろう。

それでもあなたの喜びを奪うことができなければ、怒りのあまり、あなたを傷つけようとするだろう。かまわない、たとえ死んでも喜びを消すことも、真実を変えることもできないと言えば、ひとはあなたを殺そうとするに違いない。そして、あなたがおだやかに死を受け入れるのを見て、あなたを聖者と呼び、ふたたび愛するだろう。

なぜなら、**いちばん大切なものを愛し、つぎに破壊し、それからふたたび愛するのが、ひとというもの**だからだ。

しかし、なぜなのですか？　どうして、わたしたちはそんなことをするのですか？

深く探ってみれば、人間の行動には二つの動機しかない。**不安か、愛か**。じつは、感情の源もこの二つだけだ。魂の言語にはこの二つの言葉しかない。この二つはわたしが宇宙を創造し、あなたがたが住む世界を創造したときに生み出された二つの極なのだ。

これらが「相対性」というシステムを可能にする二点、アルファでありオメガだ。この二点、ものごとに対するこの二つの思考がなければ、ほかの思考は存在しえない。ひとの思考も行動もすべて、愛か不安か、どちらかを根拠としている。ほかの考えはすべて、この二つから派生したものだ。単なるヴァリエーションで、同じテーマが変化したものにすぎない。

よく考えてみれば、これが真実だということがわかるだろう。これが、「支える思考」とわたしが呼ぶものだ。愛という考えか、不安という考え。そのどちらかが、すべての思考の陰にある。この二つは最初の思考、最初の力だ。人間の存在というエンジンを動かしている生のエネルギーだ。

ひとが何度も何度も同じ体験をくり返す理由もここにある。ひとが愛し、つぎに破壊し、そしてまた愛するのはそのためだ。つねに、一方の感情から他方の感情へとゆれ動くからだ。愛は不安を支え、その不安は愛を支え、その愛がまた不安を支える……。

……原因は最初の誤りにある。神の真実に対する誤り、神を信頼しないという誤りだ。だから、神の愛を頼れない。神が条件つきであなたがたを受け入れると思う。究極の結果が不確かだと思う。神の愛がつねに存在すると信じられなくて、**いったい誰の愛を信頼できるのか。**あなたがたが正しく行動しなかったら、神は見捨て、手を引いてしまうとすれば、神ならぬ身の人間を頼れるはずがない。

**……だから、あなたがたは最高の愛を誓った瞬間に、最大の不安にぶつかるのだ。**

「あなたを愛している」と口にした瞬間に、相手が同じことを言ってくれるかと心配になる。そして、相手の同じ言葉を聞いたとたんに、今度はその愛を失うのではないかと不安になる。そこで、あらゆる行動が「失う不安」に対する自衛反応になる。**神を失う不安に対してすら、自衛しようとする。**

だが、自分が何者であるかを知っていれば悩みは消える。あなたがたは神が創造したなかでいちばんすばらしい、すぐれた存在であることを知っていれば、決して不安にならないはずだ。そんなすばらしい存在を誰が否定できるだろうか。神でさえ、そうした存在に欠陥を見いだすことはできない。

なのに、あなたがたは自分が何者であるかを知らず、だめな存在だと考えている。では、どうして自分はだめなんだと思いこんだのか。そう思わせたのは、あなたがたが無条件で信じた唯一のひとたち、**母親と父親だ。**

親は、あなたをいちばん愛している。それなら、どうして偽りを教えるのだろう。

……思い出してみてほしい。親は、こうしてはいけない、こうしなくてはいけないと叱《しか》りはしなかっただろうか。子供はおとなしく言うことを聞いていればいい、うるさく口を出してはいけない、とは言わなかっただろうか。あなたが元気いっぱいなときに、たしなめはしなかったか。大胆な想像をめぐらしているときに、そんなことはやめなさいと言わなかったか。

その言葉を聞いて、あなたは、それが神のメッセージの基準に合わず、神のメッセージではないにもかかわらず、そうだと思った。あなたにとっては宇宙の神々と思えるひとたちから送られたメッセージだったからだ。

愛は条件つきだと教えたのは親だ。あなたはそれをたびたび感じとった。そしておとなになってから、その経験を愛するひととの関係にあてはめる。

さらに、神との関係にもあてはめる。

その経験をもとに、わたしについて考え、その枠組みにとらわれる。「神は愛に満ちあふれている」とあなたは言う。「だが、神の戒律を破れば、永遠に追放され、永久に罰せられるだろう」と。

なぜって、親に突き放された経験があるから。親に罰せられた苦しみを知っているから。

だから、わたしの場合も同じだと思うのではないか。

あなたがたは、無条件に愛されるというのはどんなことかを忘れている。神の愛の体験を思い出せない。だから、世間で見いだす愛を基準にして、神の愛も同じようなものだと思う。

あなたは「親」の役割を神に投影し、良いか悪いか判断して、褒美《ほうび》を与えたり罰したりする神を想像する。だが、それはあなたがたの神話にもとづく、単純すぎる見方だ。ほんとうのわたしとは何の関係もない。

こうして神の真実ではなく、人間的な経験をもとに、あなたがたは神についての思想をこしらえた。そこから愛をめぐる現実のすべてが生まれた。それは不安のうえに築かれた現実で、復讐《ふくしゅう》心をもった恐ろしい神という考え方に根ざしている。神が恐ろしいものだという考え方は間違っているが、それを否定すればあなたがたの宗教は崩れる。それに代わる新しい宗教こそ真の救済なのだが、あなたがたは受け入れられない。**なぜなら、恐れる必要のない神、善悪を決めつけたり、罰を与えたりしない神は、あまりにすばらしすぎて、あなたがたが考える最も偉大な神にさえあてはまらないからだ。**

不安を秘めた愛という現実が、あなたがたの愛の経験を支配している。愛の経験を創り出していると言ってもいい。なぜなら、あなたがたは条件つきで愛されるだけでなく、自分も同じように、相手を条件つきで愛していることに気づくからだ。そして、相手から退いたり、自分のなかに引きこもったり、条件をつけたりしながらも、ほんとうの愛はそんなものではないとどこかで感じている。だが、自分には愛し方を変える力はないと思う。つらい思いをして愛し方を学んだのに、また無防備になったらきっとひどい目にあうと思う。ほんとうは、愛し方を変えないほうがひどい目にあうのだ。

愛について（間違った）考え方をしているから、あなたがたは純粋な愛を体験できない。それに、真のわたしを知ることもできない。だが、それも、いつかは終わる。なぜなら、永遠にわたしを否定しつづけることはできず、やがては和解の時が訪れるからだ。

人間の行動のすべては、愛か不安に根ざしている。人間関係だけではない。ビジネスや産業、政治、宗教、子供たちの教育、国家の社会問題、社会の経済的目標、戦争や平和、襲撃、防衛、攻撃、降伏に影響を及ぼす決断、欲しがったり与えたり、ためこんだり分けあったり、団結したり分裂したりという意思決定、自由な選択のすべてが、存在しうるただ二つの考えから発している。愛という考えか、不安という考えから。

不安はちぢこまり、閉ざし、引きこもり、走り、隠れ、蓄え、傷つけるエネルギーである。愛は広がり、解放し、送り出し、とどまり、明るみに出し、分けあい、癒《いや》すエネルギーである。

不安だから身体を衣服で包むのであって、愛があれば裸で立つことができる。不安があるから、もっているもののすべてにしがみつき、かじりつくが、愛があれば、もっているすべてを与えることができる。不安はしっかりと抱えこみ、愛は優しく抱きとる。不安はつかみ、愛は解放する。不安はいらだたせ、愛はなだめる。不安は攻撃し、愛は育む。**人間の考え、言葉、行為のすべては、どちらかの感情がもとになっている。ほかに選択の余地はない。これ以外の選択肢はないからだ。だが、どちらを選ぶかは自由に決められる。**

簡単なことのようにおっしゃいますが、決断しようとすると不安が勝ってしまうほうが多いですよね。それはなぜなのですか？

不安を抱えて生きるように教えられているからだ。あなたがたは適者生存、いちばん強い者が勝利を得る、いちばん利口な者が成功すると聞かされてきた。いちばん愛らしいものの栄光については、ごくわずかしか語られない。だから——いろいろな方法で——あなたがたは適者になろう、いちばん強くなろう、利口になろうと必死になり、どんな状況でも、少しでも劣っていれば負けてしまうという不安におびえる。子供のころからずっと、劣った者が負けると言い聞かされてきたためだ。

あなたがたはもちろん、不安に支えられた行動を選択する。そう教えられてきたからだ。だが、教えてあげよう。愛に支えられた行動をとれば、生き延びるだけでなく、勝利するだけでなく、成功するだけでなく、それ以上のことができる。そのとき、自分はほんとうは何者か、そして何者になりえるのかという、栄光に包まれた経験ができるだろう。そのためには、善意ではあるが間違った教師たちの教えを退け、**べつの種類の智恵をもったひとたちの教えに耳を傾けなければいけない。**

そういうすぐれた教師は、昔もいまもたくさんいる。わたしは、真実を教え、導き、思い出させるひとたちなしに、あなたがたを放っておきはしない。しかし、いちばん偉大な教師は外にいる者ではなく、あなたがたの心の声である。それが、わたしが使う第一の道具だ。

あなたがたの心の声は、わたしのいちばん大きな声だ。なぜなら、あなたがたにいちばん身近な声だから。心の声は、すべてについて、あなたがたの言葉で言えば、真実か偽りか、正しいか間違っているか、良いか悪いかを教えてくれる。それに従う気になりさえすれば、針路を決めるレーダー、船の舵《かじ》、旅の道案内となる。

その声はたったいまも、あなたが読んでいるこの言葉が、愛の言葉か不安の言葉かを教えてくれるはずだ。この物差しを使えば、従うべき言葉か無視すべき言葉かわかるだろう。

愛に支えられた行動をとれば、自分はほんとうは何者か、何者になりえるのかという、栄光に包まれた経験ができるとおっしゃいました。そのことを、もう少し詳しく説明してくれますか?

あらゆる生命の目的はひとつしかない。あなたがた、そして生きとし生けるものすべての目的は、できる限りの栄光を体験する、ということだ。

話したり、考えたり、行動したりするのもみな、この目的のためだ。魂がすることはほかになく、魂が望むこともほかにはない。

この目的のすばらしいところは、決して終わりがないことだ。終わりとは限界であり、神の目的にはそんな境界線はない。できる限りの栄光を体験できたら、その瞬間にもっと偉大な栄光を想像するだろう。栄光を体験すればするほど、もっと大きな栄光の可能性が開けるし、その可能性が開ければ、あなたはさらに栄光を体験できるようになる。

**最高の秘密は、人生とは発見ではなく創造のプロセスだということだ。**

あなたがたは自分を発見するのではなく、自分を新たに創造していく。だから、自分が何者であるかを知ろうとするのは、もうやめなさい。そうではなく、何者になりたいかを考え、そうなろうと決意して努力しなさい。


人生とは学校のようなものだ、何かを学ばなくてはいけない、ここを「卒業」すれば、肉体というかせにしばられずにもっと大きな目的を追求できる、そう言うひとがいます。この考えは正しいのですか？

それも人間の経験にもとづいた神話のひとつだ。

人生は学校ですか?

いや。

何かを学ぶために、生きているのですか?

違う。

それでは、何のためにこの世に生きているのですか?

自分が何者であるかを思い出すため、そして創りなおすためだ。

わたしは、何度もくり返して語ってきた。だが、あなたがたは信じなかった。それはそれでいい。あなたがたが真の自分になぞらえて自分自身を創り出さなければ、真の自分にはなれないのだから。

ちょっと待ってください、わからなくなりました。人生は学校かというところまで戻りましょう。おおぜいの教師に、人生は学校だと聞かされてきました。それを否定されたのですから、正直に言うとショックです。

学校とは、知らないことを教わりたいと思うとき、行くところだ。すでに知っていて、その**知識を体験したい**というときに行くところではない。

(あなたがたの言う)人生とは、**概念として知っていることを体験的に知る機会**だ。**何も学ぶ必要はない。**すでに知っていることを思い出し、**それにもとづいて行動**すればいい。

よく、わからないのですが。

それでは、はじめから説明しよう。魂——あなたがたの魂——は、知る必要のあることはすべて知っている。隠されていることは何もないし、知らされていないこともない。だが、知っているだけでは、充分ではない。魂は**体験**したがっている。

自分が寛大であることを**知っていても**、寛大さを示す何かをしなければ、概念にすぎない。親切であることを知っていても、誰かに親切にしなければ、自意識があるだけだ。自己についての偉大な概念を偉大な体験に変えたい、それが魂の唯一の望みだ。概念が体験にならない限り、推測にすぎない。わたしは長いあいだ、自分について推測をめぐらしてきた。あなたがたやわたしの記憶を合わせたよりもはるかに遠い昔から、この宇宙が宇宙の時間で経てきたよりも、もっと長く。これで、わたしがわたし自身を経験しはじめたのがどんなに最近か、わかるだろう！

また、わからなくなりました。あなたがご自分を経験したんですか？

そう。では、こう説明しようか。

まずはじめにあったのは、「存在のすべて」、それだけだった。ほかには何もなかった。その、「存在のすべて」は、自分自身が何かを知ることはできない。なぜなら「存在のすべて」――あるのはそれだけで、ほかには何もないから。ほかに何かがなければ、「存在のすべて」も、ないということになる。「存在のすべて」は、裏返せば「無」と同じだった。これが、時のはじめから神話が語りつづけてきた、「すべてであって／無である」ということだ。

さて、「存在のすべて」は、あるのは自分自身だけだと知っていたが、それだけでは充分ではなかった。なぜなら、「存在するすべて」であることの絶対的なすばらしさを概念的には知っていたが、体験的には知りえなかったから。そこで、自らを体験したいと激しく望んだ。すばらしいというのは、どんな感じなのか、知りたがった。だが、それは不可能だった。なぜなら、「すばらしい」という言葉そのものが相対的なものだったから。「存在のすべて」は、すばらしくないとはどういうことかわからなければ、すばらしいとはどんなものかを知ることができなかった。否定があってはじめて、肯定があるからだ。

ここまでは、わかっただろうか?

たぶんわかったと思います。続けてください。

よろしい。

「存在のすべて」が知っているのはただひとつ、「ほかには何もない」ということだけだった。外側に比較対照するものがなければ、いつまでも自らを知ることはできない。「存在のすべて」には、そんな比較対照の基準がなかった。比較対照の基準が何かあるとすれば、それは内部にしかない。これが「すべてであって/ない」こと、「わたしであり/わたしでない」ということだ。

だが、「存在のすべて」は、自らを体験的に知ろうとした。

このエネルギー——純粋な、見えず、聞こえず、観察できず、したがってほかの誰も知りえないエネルギーは、自分のすばらしさを体験しようとした。そのためには、自分のなかにある比較対照の基準を使わなければならないと気づいた。そこでいみじくも考えた。一部は全体よりも小さいはずだ。それなら自らを分割すれば、それぞれの部分は全体よりも小さいのだから、残る全体を振り返って、すばらしさを知ることができるだろう。

そこで、「存在のすべて」は自分を分割した。栄光の一瞬に、「これであるもの」と、「あれであるもの」とになった。はじめて、「これ」と「あれ」が分かれた。しかも、どちらも同時に存在している。また、「どちらでもないもの」も存在している。

こうして、突然に三つの要素が生まれた。ここにあるもの。あそこにあるもの。そしてここにもあそこにもないが、こことあそこが存在するためには存在しなければならないもの。

つまり、あらゆるものを包みこむのは無である。空間を包含するのは、非空間である。部分を支えるのは全体である。

このことは理解できるだろうか？

ここまでは、わかっただろうか？

たぶん、わかったと思います。具体的に説明してくださったから、なんとなくわかったような気がする。

それでは先へ進めよう。さて、あらゆるものを包みこむ無、それをある人びとは神と呼ぶ。だが、これも正確とは言えない。そうすると、無ではないあらゆるもの、それは神ではないことになってしまう。わたしは――見えるものも見えないものも含めて――「存在のすべて」だ。したがって、東洋の神話で定義される神、つまり偉大なる「見えざるもの」とか、無、空《くう》といった説明もまた、神とは見えるすべてであるという西洋の現実的な説明と同じく、不正確なことになる。神とは「存在のすべて」であって、同時に「すべてでない」ものでもある、そう信じる者は正確に理解している。

さて、「ここ」にあるものと「あそこ」にあるものを創り出した神は、自らを知ることが可能になった。この内側からの爆発が起こったとき、神は相対性という自分への最も偉大な贈り物を創造した。したがって、相対的な関係は、神があなたがたに与えた最も偉大な贈り物でもあるのだが、そのことはもっとあとで詳しく説明しよう。

ついでだが、何ものでもないものから、すべてが飛び出してきたこと、この根源的な出来事こそ、科学者の言う「ビッグ・バン仮説」にほかならない。

すべての要素が出現したので、時が生まれた。なぜなら、ものはまずここにあって、つぎにあそこにあるのであり、ここからあそこに移る時間は計測できるからだ。

見える部分がそれ自身を定義づけ、各部分が「相対的」になったように、見えない部分も定義づけられ、相対的になった。

神は、愛が存在するためには――そして純粋な愛である自分を知るためには――対照となるものが存在しなければならないことを知っていた。正反対のものが存在する必要があった。そこで、神は偉大なる極――愛の絶対的対極にあるもの、愛ではないあらゆるもの――を創りあげた。それが現在、「不安」と呼ばれるものだ。不安が存在した瞬間、愛もまた、体験しうるものとして存在しはじめた。

愛とその対極、この二元性が、人間のさまざまな神話で言われる悪の誕生、アダムの堕落《だらく》、悪魔の反抗などである。

あなたがたは、純粋な愛を人格化して神と呼び、恐るべき不安や恐怖を人格化して悪魔と呼んだ。

地上のある者は、この出来事を中心とした神話を完成させようとして、天使軍と悪の戦士、善の力と悪の力、光と闇《やみ》の戦いのシナリオをつけ加えた。

この神話は、**人間が魂の深いところで気づいてはいても、頭では把握しきれなかった**宇宙的な出来事を、自分たちなりに理解して語ろうとする、人類の昔の試みだった。

神は宇宙を分割することによって、見えるもの、見えないものを含めて現在存在するすべてのものを、純粋なエネルギーから創り出した。

言い換えれば、こうして物理的な宇宙が創造されただけでなく、**形而上学的な宇宙**も創り出された。「わたしであり／わたしでない」という等式の、わたしでない部分はさらに爆発して無数の小さい部分になった。このエネルギーのひとつひとつが、あなたがたが「霊《いのち》」と呼ぶものである。

「父なる神」に多くの霊の子供が生まれると語っている神話がある。生命が自らを増殖させるという人間の経験になぞらえることが、この壮大な出来事を理解する唯一の方法だったのだろう。「天の王国」に数えきれない霊が突然に生まれたのだから。

このたとえで言えば、神話は究極の現実にそう遠くない。なぜなら、わたしという全体をかたちづくっている無数の霊は、宇宙的な意味でわたしの子供だからである。

自分自身を分割したわたしの聖なる目的は、たくさんの部分を創って**自分を体験的に知ること**だった。創造者が、「創造者である自分」を体験する方法は、ただひとつしかない。それは、創造することだ。そこで、わたしは自分の無数の部分に（霊の子供のすべてに）、全体としてのわたしがもっているのと同じ創造力を与えた。

**あなたがたの宗教で、「人間は神の姿をかたどり、神に似せて創られた」というのは、そういう意味だ。これは、一部で言われているように物質的な身体が似ているということではない（神は目的に合わせて、どんな物質的な身体にもなることができる）。そうではなくて、本質が同じだという意味だ。わたしたちは、同じものでできている。わたしたちは、「同じもの」なのだ！　同じ資質、能力をもっている。その能力には、宇宙から物質的な現実を創出する力も含まれている。**

わたしがあなたがたを創造したのは、神としての自分を知るためだった。あなたがたを通してしか、知る方法がなかったからだ。したがって、あなたがたを創った目的は、あなたがた自身がわたしであることを知らせるためだったと言ってもいい（昔から何度もそう言われてきた）。

これは驚くほど単純に見えるかもしれないが、同時に非常に複雑でもある。なぜなら、あなたがた自身がわたしであることを知る方法はただひとつしかなく、それは**まず、わたしではないものとしての自分を知ることだからだ。**

さあ、ここは注意してよく聞いてほしい。とくにややこしいところだから。用意はいいかな？

はい、たぶんできたと思います。

よろしい。説明を求めたのはあなただということを忘れないように。あなたは何年も待っていた。あなたは、神学の教義でも科学的な理論でもなく、ごくふつうの言葉でたずねた。

そうです。たずねたのはわたしだというのはわかっています。

そして、たずねたからには、答えを受けとめなければならない。

さて、話を簡単にするために、神の子という神話のたとえを使うことにしよう。あなたがたにはなじみがあるし、多くの意味で、事実とそうかけ離れてもいないからだ。

それでは、自らを知るというプロセスはどう進むか、ということに戻ろう。

霊の子供たちに、彼らがわたしの一部であることを知らせる方法がひとつある。単純にそう告げることだ。わたしはそうした。だが、わかるだろうが、神、あるいは神の一部、神の子、王国の後継者（そのほか、神話ではさまざまな言い方をしているが、どれでもいい）とただ知らされても、彼らは、満足はできなかった。

すでに説明したように、何かを知ることと**体験すること**とはべつものだ。霊の子供たちは自らを体験的に知りたがった**（わたしがそうだったように！）**。知識として知るだけでは、霊の子供、あなたがたにはものたりなかった。そこで、わたしは計画をたてた。宇宙のすべてのなかでも、とりわけ思いきった計画だ。そして、すばらしい共同行為だ。共同行為と言ったのは、**あなたがたもわたしに協力するからだ。**

その計画のもとで、純粋な霊であるあなたがたは、創造されたばかりの物質的な宇宙に入る。概念として知っていることを体験として知るには、物質的な世界で経験するしかないからだ。そもそも、物質的な宇宙秩序を創った理由はそこにあった。宇宙を律する相対性のシステムを創った理由も、すべての創造行為の理由もそこにある。

物質的な宇宙に入れば、自らについて知っていることを体験できる。それには、まず、対極を知らなければならない。簡単に言えば、背が低いということを知らなければ、背が高いということはわからない。やせているということを知らなければ、太っているということはわからない。

つきつめて言えば、自分が何であるかを知るためには、自分ではないものと対決しなければならない。これが相対性の理論の目的であり、すべての物質的な生命の目的だ。自分自身を定義するのは、自分ではないものによってなのだ。

さて、あなたがたがつきつめた自分を知る、つまり創造者としての自分を知る方法について話そう。あなたがたは、実際に創造するまでは創造者としての自分を体験することはできない。そして、自分自身を創らないという経験があってはじめて、自分を創ることができる。「何かである」ためには、まず「そうではない」ことを体験する必要があるからだ。わかるかな？

さあ……。

まあ、聞きなさい。

もちろん、あなたがたには、自分ではなくなることなどできない。あなたがたはもともと、神の子供、「純粋な、創造的ないのち」なのだから。そこで、あなたがたは次善の方法をとった。自分がほんとうは何者であるかを忘れたのだ。

物質的な宇宙に入ったとき、**あなたがたは記憶を捨てた。**忘れることで、単に王国の城で目覚めるのではなく、自分が何者であるかを選べるようになった。

あなたは神の一部であると聞かされるのではなく、神の一部としての生き方を自分で選びとる。そうすればすべての選択肢を与えられたうえで、自らを体験することができる。すべての選択肢、それが神である。だが、選択肢のすべてであれば、選択の余地はない。あなたがたはどんなに努力しても、わたしの子供でなくなることはできない。だが、忘れることはできる。

あなたがたは、これまでも、そしてこれからもつねに、**神聖なる全体のなかの部分、身体の一部、手足、メンバーだ。**だからこそ、全体に戻ること、神に戻ることは**思い出すこと(リメンバランス：remembrance)**と呼ばれる。あなたがたは自分が何者であるかを思い出す。あるいは自分の各部を寄せ集めて、自分のすべてを、すなわちわたしのすべてを体験する。

したがって、地上でのあなたがたの仕事は、自分が何者であるかを**学ぶことではなく(すでに知っているのだから)**、思い出すことだ。そして、ほかのみんなが、何者であるかを思い出すことだ。だから、ほかのひとにもそれを気づかせること、思い出すようにしむけることも大きな仕事のひとつだ。いのちの真実を知っているすばらしい教師はみんな、そうしてきた。それが、ただひとつの目的だから。**魂の目的だから。**

驚いたな、じつに単純で、とてもすっきりしていますね！　ふいに、すべてがきれいにおさまったという感じだ！　いままではっきりしなかったことが、見えてきた気がします。

それは、けっこう。それが、この対話の目的だ。あなたは、わたしに答えを求めた。わたしは、答えようと約束した。**あなたはこの対話を本にするだろう。それも、あなたの仕事のひとつだ。そして、おおぜいのひとがわたしの言葉を読むだろう。**

さて、あなたには人生についてたくさんの疑問があり、答えを知りたいと言う。これで基礎ができた。これをもとに、ほかのことを理解できるはずだから、その疑問に移ろうか。心配することはない。いままでの対話のなかで、充分に理解できなかったことがあっても、まもなくすべてがはっきりとわかるから。

知りたいことはたくさんあります。ありすぎるくらいです。それで、大きなわかりやすい質問から始めたいと思います。たとえば、なぜ世界はこんな状態なのか？

人間が何度も何度も神に問いかけてきた疑問だな。時のはじめから、ひとはそれを問いつづけてきた。この対話の最初の瞬間からあなたは、**なぜこんなふうでなければならないのか知りたがっていた。**

ふつうはこんな問われ方をしてきた。神が完璧であって、完全なる愛であるなら、どうして神は伝染病や飢餓《きが》、戦争、病気、地震や竜巻、ハリケーンといった天災、深い失望、世界的な災厄などを創ったのか。

この質問に対する答えは、宇宙のさらに奥深い神秘と人生のさらに高い意味のなかにある。**わたしは神のすばらしさを示すために、あなたがたのまわりを完全ずくめにしたりはしない。神の愛を実証するために、人間が愛を実証する余地をなくしたりはしない。**

すでに説明したように、愛を示すには、まず愛さないということが可能でなければならない。完全無欠の絶対世界はべつとして、それ以外では対極の存在なしには何も存在しえない。絶対の領域だけでは、あなたがたも、わたしも満足できなかった。わたしはつねにそこに存在していたし、あなたがたもその世界からやってきたのだ。

絶対のなかでは知識があるだけで、体験はない。知っているというのは神聖な状態だが、最大の喜びは、何者かで「在る」ということのなかにある。「在る」ことは、体験してのちにはじめて達成される。「知る」こと、「体験する」こと、何者かで「在る」ことの順に発達し、進化する。これが聖なる三位一体《さんみいったい》、神の三位一体である。

父なる神とは、「知る」ことだ。すべての理解の親であり、すべての体験はそこから生まれる。知らないことは体験できない。

息子である神は、「体験」だ。父が自らについて知っていることを体現し、行動化する。体験しなければ、何者かで「在る」ことはできない。

聖霊としての神は「在る」ことだ。息子が体験したすべてを超越して、ただ存在する。単純に、このうえなくみごとに「在る」ということは、知ったこと、体験したことの記憶を通じてのみ可能になる。

単純に「在る」ということは至福である。神の状態、自らを知り、体験したあとの状態だ。これこそ、神がはじめから求めていたものである。

もちろん、父と息子という説明が性別とは何の関係もないことは、説明しなくてもわかっているだろう。たまたま、あなたがたのいちばん新しい書物にあるわかりやすい表現を使ったまでだ。もっと以前の聖なる書物では、母と娘という比喩《ひゆ》が使われていた。どちらも正確ではなく、言うならば親と子というのがいちばんあたっている。あるいは、「生じさせるもの」と「生じるもの」という言い方が。

三位一体の第三の部分をつけ加えると、この関係ができあがる。

生じさせるもの、生じるもの、そして在るもの。

この三位一体の在り方が、神のしるしであり、聖なるパターンだ。三つでひとつ、それは崇高な領域のどこにでも見られる。時と空間、神と意識、微妙な関係はすべて、このかたちから逃れられない。

人生の微妙な関係を扱う者は、誰でもそのなかに三位一体の真実を認める。宗教家の一部は、三位一体の真実を父と子と聖霊と表現してきた。心理学者の一部は超意識、意識、潜在意識という言葉を使った。霊を扱うひとびとは精神と身体と霊魂と言う。科学者の一部はエネルギーと物質とエーテルと考える。哲学者の一部は、ものごとは思考と言葉と行為において真実になるまでは、真実とは言えないと語る。時について議論するときには、過去、現在、未来の三つの時制しかない。同じく、概念的にも時は、以前、現在、以後の三つに分かれる。空間的な関係は、それが宇宙における一点を考えるにしても、自分の部屋の各地点を考えるにしても、ここ、あそこ、そしてその間と考えるだろう。

ところが、素朴な関係においては、「その間」という認識はない。素朴な関係はつねに二元的であるのに、崇高な領域の関係は必ず三元的だからである。左右、上下、大小、遅速、寒暑、そして被造物のなかでは最も偉大な二要素である男女。これらの二者には、その間というものはない。一方か他方のどちらか、あるいはこうした二極的関係のなかで大きい、小さいの違いがあるだけである。

素朴な関係のなかでは、必ず対極が存在する。正反対のものが必ずある。日常の体験のほとんどはこちらにあてはまる。

崇高な領域の関係では、対極というものはない。すべてはひとつであり、一方から他方へと変転して終わりのない循環をくり返している。

時間もそうした崇高な領域で、あなたがたが過去、現在、未来と呼ぶものはひとつの全体のなかに存在している。つまり**対極**ではなく、同じ全体の部分なのだ。同じ思考の進行、同じエネルギーの循環、同じ変わることのない真実の各側面である。したがって、過去と現在と未来は同じひとつの「時」に存在すると考えれば、それは正しい（だが、いまはそれについて議論するのはやめておこう。いずれ、時という概念についてとりあげるとき、もっと詳しく考えることにする）。

世界がいまの状態なのは、ほかの在り方ができず、まだ物質的に素朴な領域にあるからだ。地震やハリケーン、洪水、竜巻など、あなたがたが天災と呼ぶものは、一方の極から対極への要素の移動にほかならない。生死の循環はすべて、この移動の一部である。それが生命のリズムであり、素朴な領域にあるものはすべて、このリズムに従う。生命それ自体がリズムだからだ。それは波であり振動であり、「存在のすべて」の鼓動だ。

病や不調は健康と快調の対極であり、あなたがたの要請に応じて現実になる。どこかのレベルで自らが引き起こさなければ病気にはならないし、元気になろうと決意さえすれば快くなる。個人的な深い失望も自分で選んだものだし、世界的な災厄は世界的な意識の結果である。

あなたの質問は、わたしがそういう出来事を選んだのではないか、災いが起こるのは神の意思であり、望みなのではないかということだろう。だが、わたしがこうした出来事を起こさせるのではない。

わたしは、見ているだけだ。止めようとはしない。止めれば、**あなたがたの意思を損なうことになる。**そんなことをすれば、あなたがたが神の体験をするのを妨げることになり、あなたがたとわたしがともに選んだ体験ができなくなる。

だから、**世界の悪と呼ぶものを非難してはいけない。それよりも、それのどこを悪と判断するのか、どこを変えたいのかと自問しなさい。**

外に向かってではなく、内に向かって、「この災厄を前に、いま自分は何を体験したいのだろう。自分のどの部分を引き出したいのか」と問いかけなさい。人生のすべては、あなた自身の創造の道具なのだから。そして、出来事のすべては、自分は何者なのかを決定し、その自分になる機会を与えるために存在しているのだから。

これがすべての魂にとっての真実だ。宇宙には創造者がいるだけで被害者はいない。この地球上に現れた〈マスター〉(大いなる師)はすべて、そのことを知っていた。だから、どの〈マスター〉を見ても、自らを被害者とは考えていない。多くの〈マスター〉が迫害されているが。

それぞれの魂は〈マスター〉である。ただ、本来の自分や受け継いだ遺産を思い出せない者もいる。それでも、それぞれが自分の高い目的のために、そしてできるだけ早く真実の自分を思い出すために、状況と環境を創造しつづける。「いま」と呼ばれる一瞬一瞬に。

あなたがたは他者が歩む因果《カルマ》の道を、良いとか悪いとか判断してはならない。**成功をうらやまず、失敗を憐《あわ》れむな。魂の決算の時がきたら、何が成功で何が失敗になるかわからない。**ものごとを災難とか、喜ばしい出来事とか言うのは、それをどう活用するかを決めてから、あるいは見届けてからにしなさい。ひとつの死が数千の生命を救うなら、それは災いだろうか。悲しいことばかり続いたら、良い人生だろうか。しかも、それすらも決めつけるべきではなく、ただ自分の胸の内で考えるだけにして、ひとのことは当人にまかせておきなさい。

だからといって、助けを求める声や、環境や条件を変える努力をしようという自らの魂の呼びかけを無視しなさいというのではない。ただ、何をするにしても、レッテルを貼《は》ったり、決めつけたりするのは避けなさい。それぞれの環境が贈り物であり、それぞれの経験が隠された宝なのだから。

――かつて、自らが光であることを知っている魂があった。これは新しい魂だったから、体験したくてならなかった。「わたしは光だ」とそれは言った。「わたしは光だ」。だが、いくら知っていても、いくら口に出してみても、体験に変えることはできない。この魂が生まれた領域では、光しかなかった。どの魂も偉大で、どの魂もすばらしく、どの魂もわたしの神々しい光を受けて輝いていた。そこでは、その小さな魂は、まるで太陽の前のロウソクのようだった。偉大な光のなかでは、その光の一部である魂は自らを見ることができないし、自分が何者であるかも体験できない。

その魂は自分自身を知りたくて知りたくてたまらなくなった。あまりに知りたがるので、ある日、わたしは言った。

「小さいものよ、その望みをかなえるにはどうすればいいか、わかるか?」

「どうすればいいのですか、神さま? わたしは何でもします!」、小さな魂は答えた。

「おまえはわたしたちから離れなければならない」とわたしは言った。「そうして、闇を求めなければならない」。

「闇というのは何ですか、聖なるかた?」と小さな魂はたずねた。

「それは、おまえではないものだ」とわたしは答え、その魂は理解した。

そこで、その魂は全体から離れ、べつの領域に行った。その領域では、魂はあらゆる闇を体験する力をもっていた。そして、闇を体験した。

その闇のさなかで、魂は叫んだ。「父よ、父よ、どうして、あなたはわたしを見捨てたのですか?」。たとえば、あなたがたが暗闇にいるときのように。だが、わたしは一度もあなたがたを見捨てたことはない。つねにそばにいて、ほんとうは何者であるかを思い出させようとしているし、いつも、わが家に呼び戻そうとしている。

**だから、闇のなかの光になりなさい。そして、闇のなかにいることを呪《のろ》ってはいけない。**

**また、まわりが自分と違うものばかりでも、自分が何者であるかを忘れてはいけない。そして創造物をほめたたえなさい。たとえ、それを変えたいと思っても。**

**最も大きな試練が、最も偉大な勝利になる可能性がある。あなたが生み出す体験は、自分が何者であるか、そして何者になりたいかという宣言なのだから。**

小さな魂と太陽のたとえ話をしたのは、どうしていまのような世界になったのかを理解させるため、そして、誰もが現実の奥に秘められた神聖な真理を思い出せば、その瞬間に世界は変わりうることを、もっとよく理解させるためだ。

それでは、わたしたちの身に悪いことが起こるのは、自分が選んだからなのですか？　世界の災厄や災害も、どこかのレベルでは、「真のわたしたちとは正反対の在り方を体験する」ことができるようにと、自分が創り出したものだとおっしゃるのですか？　そうだとすれば、自分を体験する機会を創造するのに、誰にとっても、もっと苦痛の少ない方法はないのでしょうか。

あなたはいくつもたずねた。みんないい質問だ。ひとつずつとりあげていこう。あなたがたの身に起こる悪い（あなたがたがそう呼ぶのだが）ことのすべてが、あなたがた自身の選択の結果だというわけではない。あなたがたが意識的に選んだものではない、という意味だ。本質的には、すべてはあなたがた自身から生まれているのだから。

あなたがたはつねに、創造のプロセスにある。創造がどんなふうに行われるかについては、またあとで話そう。いまは、わたしの言葉をそのまま聞いておきなさい。

あなたがたは大きな創造の機械であって、考えるのと同じ速さで新しいことを出現させている。

出来事、事件、条件、環境、すべては意識から創造される。個々の意識はそれほど力強いものだ。二人あるいはそれ以上の数のひとたちが、わたしの名において集まったら、どんなに大きな創造的エネルギーが放出されるか、想像できるだろう。それでは集団意識ならどうか。集団意識は全世界に広がり、全地球的な結果をもたらす出来事や環境を創造するほど大きな力がある。

あなたがたの考え方からすれば、そうした結果をあなたがたが選んだわけではない。わたしが選んだのでもないし、あなたがたが選んだのでもない。わたしと同じで、あなたがたはそれらを見ている。そして、それとの関係で自分は何者であるかを決める。

世界には犠牲者もなければ、悪人もいない。誰も、他者の選択の犠牲者ではない。ところがあるレベルでは、あなたがたはみんなで唾棄《だき》するものを創り出している。創り出したということは、それを選んだということだ。

これは進んだレベルの思考だ。すべての〈マスター〉は遅かれ早かれ、このレベルに到達する。すべての責任を引き受けたときにはじめて力を得て、ほんの一部でも「変える」ことができるようになる。

「こんな目にあう」のは、何か、あるいは誰かのせいだと考えている限り、どうすることもできない。「わたしの責任だ」と言ったときはじめて、それを変えられる。

**自分がしていることを変えるほうが、他者がしていることを変えるよりずっと容易だ。**

何ごとであれ、それを変える第一歩は、選んだのは自分だと認め、受け入れることだ。個人として責任があると思えなければ、わたしたちはすべて一体であるという理解を通じて、認めなさい。それから、間違っているからではなく、ほんとうの自分にふさわしくないからという理由で、変化させる努力をしなさい。

**何かをする理由は、ひとつしかない。宇宙に向かって、自分が何者であるかを示すことである。**

そうすれば、人生は自己の創造になる。あなたがたは人生を使って、真の自分、こうありたいと願ってきた自分を創造する。また、ある行動を拒否する理由もひとつしかない。それが自分にふさわしくなくなった、という理由だ。その行為が、あなたがたの真の姿を表さない（represent しない、つまりふたたび存在させない：re-present しない）からである。**正しい自分を示したいと願うなら、永遠のなかに映し出したいと思う自分にふさわしくないものはすべて、変えていくよう努めなければならない。**

大きな意味では、「悪い」ことはすべて、あなたがたの選択の結果として起こっている。間違いは、それを選んだことではなくて、それを悪と呼ぶことである。それを悪と呼べば、自分を悪と呼ぶことになる。創造したのはあなたがただから。

あなたがたは、この悪というレッテルを受け入れられない。だから、自分に悪というレッテルを貼るよりも、自分自身の創造物を捨てる。この知的な不誠実さで心を偽り、あなたがたはいまのような世界を受け入れている。あなたがたが、個人として世界への責任を認めていれば――あるいは、心の底から責任を感じていれば――世界はまったく違った場所になっていたはずだ。みんなが責任を感じさえすれば、世界は変わっていた。それがわかっているからこそ、痛ましいし、皮肉なのだ。

世界の天災や災害――竜巻やハリケーン、火山の噴火、洪水――つまり、物理的な大変動そのものは、あなたがたが創造しているのではない。あなたがたが創造しているのは、こうした出来事がひとびとの人生に及ぼす影響の度合いである。

宇宙では、どう考えてもあなたがたが引き起こしたとか、創造したとか言えないことも起こっている。

これらの出来事は、人間の意識の集積によって創造される。全世界が共同してこれらの経験を生じさせている。ひとりひとりは、そうした出来事のなかを動きまわり、自分にとってどんな意味を（意味があるとして）もっているのか、そうした出来事と向かいあったとき、自分は何者であるのかを決定する。

**あなたがたは集団として、また個人として、魂の発達という目的に向かって、自分たちの人生と時を創造している。**

あなたは、もっと苦痛の少ないプロセスはないのか、とたずねた。答えはイエスだ。しかし表面的な経験には何も変化はないだろう。地上の経験や出来事に感じる苦痛を——自分の苦痛も他者の苦痛も——減らすには、**受けとめ方を変えればいい。**

あなたがたは、外部の出来事を変えることはできない（出来事は多数によって創造されており、集団的に創造されたものを個人が変更できるほど、あなたがたの意識は成長していない）。だから、内的な経験を変えるしかない。これが、生きることの王道である。

どんなことでも、それ自体は苦痛ではない。苦痛は誤った思考から生まれる。考え方が間違っているのだ。

〈マスター〉はどんなに悲痛な苦しみも消すことができる。それによって、ひとを癒す。ものごとを勝手に決めつけるから、苦しむのだ。決めつけるのをやめれば、苦痛はなくなる。決めつけるのはそれまでの経験のせいだ。ものごとに対する考えは、過去の考えから生まれる。過去の考えはさらにその前の考えの結果である。そしてその考えはまたさらに過去の考えから生まれるというふうに、まるで積みあげたレンガのように続く。この鏡の廊下をずっとたどっていくと、わたしが「最初の考え」と呼ぶものに行き着く。すべての思考は創造につながるし、根源的な思考ほど力強い思考はない。だからこそ、その根源的な思考はしばしば「原罪」と呼ばれる。ものごとについての最初の考えが間違っていた、それが原罪である。この間違いは、第二、第三の考えをいだくときに、何度も積み重ねられる。この過ちからあなたがたを解放するために新しい理解を吹きこむこと、それが聖霊の役目だ。

それでは、アフリカで子供たちが飢え、アメリカでは暴力や不正がはびこり、ブラジルでは地震でおおぜいのひとが死んでいることを、悪と感じるなとおっしゃるのですか?

神の世界では、何なにを「せよ」とか「してはならない」とは言わない。したいことをしなさい。より大きな自己の姿にかなっていることを考え、行いなさい。悪だと感じたいなら、悪と感じなさい。**だが、一方的に決めつけたり、非難したりしないほうがいい。なぜ起こるか、何のために起こるか、あなたがたには理解できないのだから。**

それに非難したら、その相手に非難されるし、一方的に決めつけたら、いつかは自分が決めつけられる側になる。

それよりも、真の自分の姿を反映しなくなったことがらを変えるように——あるいは、変えようとしているひとたちに味方するように努力しなさい。

また、すべてを祝福しなさい——すべては神が人生を通じて行う創造の行為であり、それこそが最高の創造なのだから。

ついていけなくなってきたので、ちょっと待ってもらえますか？　神の世界では「せよ」とか「してはならない」ということはない、そうおっしゃったのですか？

**そのとおり。**

どうしてですか？　**あなたの世界にないなら、どこの世界にあるんでしょうか？**

どこの世界……？

もう一度、お聞きします。あなたの世界にないなら、どこの世界に「せよ」とか「してはならない」ということがあるんでしょうか？

あなたがたの**想像**のなかに。

でも、正邪、善悪、すべきことと、してはならないことを教えてくれたひとたちはみんな、それがあなたに、つまり神によって定められた規則だと言いましたよ。

あなたがたを教えたひとたちが間違っているのだ。わたしは正邪も善悪も決めたことはない。そんなことをしたら、あなたがたへの最高の贈り物がだいなしになる。したいことをして、その結果を体験するという機会をあなたがたから奪うことになる。自らを真の自分のイメージになぞらえて創造しなおす機会を奪うことになる。偉大な考えをもとに、よりすぐれた自分を創り出す能力を発揮する場所を奪うことになる。

あることが――考えでも言葉でも行為でも――「間違っている」というのは、それをするなと禁じるのと同じだ。禁じるというのは制約するということだ。制約するというのは、真のあなたがたを否定することであり、あなたがたが真の自分を創造し、経験する機会を否定することだ。

あなたがたは自由な意思を与えられたと言うひとたちが、つぎには、わたしに従わなければ地獄に落とされるだろうと言う。それでは自由な意思はどうなるのか？　それでは神を愚弄《ぐろう》することになりはしないか。

それに関連して、もうひとつ、べつのことについてうかがいたいのですが。天国と地獄についてです。ここで聞いたことから考えると、天国も地獄もないのでしょうか。

地獄はあるが、あなたがたが思っているようなものではないし、あなたがたが教えられたような理由で地獄を経験するのでもない。

地獄とは何ですか？

それは、あなたがたの選択、決定、創造の最悪の結果を体験することだ。わたしを否定する考え、あるいはあなたがた自身の真の姿を否定する考えから生まれる、当然の結果である。

地獄とは、間違った考え方から受ける苦しみだ。だが、「間違った考え方」という言葉も正しくない。なぜなら、間違った考え方や正しい考え方という区別はないからだ。地獄とは喜びの対極である。満たされないこと。自分が何者かを知っていながら、それを体験できないこと。本来の姿にくらべて卑小な在り方。それが地獄であり、あなたがたの魂にとって、それよりもつらいことはない。

だが、地獄はあなたがたが空想するような、永遠の業火《ごうか》に焼かれるとか、際限のない苦悶《くもん》にさいなまれるとか、そういったものではない。何のために、わたしがそんなものを創らなければならないのか。

わたしが仮に、あなたがたは天国に「ふさわしくない」という、まったく神らしくないことを考えたとしても、あなたがたの過ちに復讐したり、罰したりする必要がどこにあるのか。あなたがたを見捨てれば、それですむではないか? どんな復讐心を満たすために、あなたがたを筆舌につくしがたい永遠の苦しみに突き落とす必要があるというのか? 正義のためだというなら、天国でわたしと一体になることを否定するだけで、正義の目的は達成されるではないか。そのうえ、永遠の苦しみを与える必要があるだろうか。

不安にもとづいてできている宗教で言われるような「死後の世界」はない。だが、不幸で、不完全で、欠点が多く、神の偉大な喜びから遠く離れた魂の経験というものはある。あなたがたの魂にとってそれは、地獄だろう。だが、わたしがあなたがたをそこに送るのではないし、そうした体験をさせるのでもない。あなたがた自身が、真の自分ではなくなるとき、自分で地獄の体験を創り出す。ほんとうの自分を拒否するたびに、あなたがたは地獄の体験を創り出す。

だが、その体験でさえ永遠ではない。あなたがたはいつまでもわたしから離れてはいられない。そんなことは不可能だ。そうなれば、あなたがたが自らを否定するだけではなく、わたし、つまり神を否定することになる。わたしは断じてそのようなことはさせない。わたしが真のあなたがたの姿を把握している限り、結局は真実が支配することになる。

でも、地獄がないのなら、わたしはしたいようにできる、好きなように行動できる、報いを恐れず何でもできるということですか？

不安でなければ正しい者にならず、正しいことをしないのか？　おどかされなければ、「善良」にならないのか？　「善良である」とはどういうことか？　誰がそれを決めるのか？　誰が指針を示すのか？　誰が規則をつくるのか？

言っておくが、規則をつくるのはあなたがた自身だ。あなたがたが指針を示すのだ。自分がどれだけ善良であったかを決めるのは、自分自身だ。あなたがたがほんとうは何者であるか、そして何者になりたいかを決めるのは、あなただ。そして、どこまで目的を果たせたかを決めるのも、あなただ。

誰もあなたがたについて、決めつけたりしないだろう。神がどんな理由で、どんな方法で、自らの創造物を悪と決めつけるというのか。あなたがたが完璧で、すべての行為が完璧であることを望んだのなら、神ははじめからあなたがたを完璧なものとして創ったはずではないか。肝心なのは、あなたがたが自分自身を発見し、真の自分、ほんとうにそうありたい自分を創り出すことだ。だが、それとはべつの選択肢がなければ、真の自分を発見して創り出すことはできない。

それなのに、わたしが与えた選択肢のどれかを選んだからといって、あなたがたを罰したりするはずがない。あなたがたに第二の選択をさせたくなかったら、どうして、そのような選択肢を与えるだろう。

非難する神の役割をわたしにふりあてる前に、そこを考えなくてはいけない。

あなたのさっきの質問に対する答えはイエスだ。あなたは報いを恐れずに好きなことをしていい。だが、その行為の行き着く先を心得ておくほうがいいだろう。

行き着く先とは結果である。自然のなりゆきとして起こることだ。報いや罰とはまったく違う。結果は結果にすぎない。自然の法則に従い、起こったことを受けて当然に生じることだ。

すべて物質的な生命は自然の法則に従う。この法則を思い出して適用すれば、物質的なレベルでの生命は支配できる。あなたがたの目には罰と見えるもの、あるいは悪とか不運と思われるもの、それは自然の法則の結果でしかない。

それでは、その法則に従えば、わたしはもう困ったことにはならずにすむのですか。そういうことをおっしゃっているのですか?

あなたの言うような「困った」ことにはならないだろう。どんな状況でも、それを問題だとは考えなくなるだろう。恐れおののくような状況にはぶつからないだろう。すべての心配や疑い、不安に終止符が打たれるだろう。あなたは空想のなかのアダムとイヴのように暮らすだろう。絶対の領域で身体から切り放された霊としてではなく、相対的な領域で身体をもった霊として暮らすだろう。それでもあなたはあらゆる自由と喜びと平和を味わい、いずれ霊としての智恵と理解と力が備わるだろう。充分に自分らしさを実現して生きられるだろう。

それがあなたがたの魂の目標である。身体をもっているあいだに、自分らしさを充分に実現すること、真の自分にふさわしい存在になること、それが目的である。

それが、わたしの計画、わたしの理想なのだ。わたしは、あなたがたを通じて自分を実現しなければならない。それによって、概念が体験となり、わたしは自己を体験的に知る。

宇宙の法則は、わたしが定めた法則だ。それは完璧な法則で、物質を完璧に機能させる。雪のひとひら以上に完璧なものを見たことがあるだろうか? その精妙さ、デザイン、対称性、ひとつひとつが雪の結晶としてあるべき姿を保ちながら、同時に個性的でもある。

まさに神秘的ではないか。あなたがたは、この自然の驚くべき奇跡に驚異の念をいだくだろう。雪の結晶についてこれだけのことができるわたしなら、宇宙についてどれほどのことができると、あるいはできたと思うか。

最も大きな物質から最も小さな分子まで、その対称性、デザインの完璧さに思いをめぐらせてみても、あなたは真実を把握することはできないだろう。その真実を垣間見ているいまでさえ、その意義を想像することも、理解することもできない。だが、意義があること、それがあなたがたの理解力をはるかに超えた複雑で特別なものであることはわかるだろう。

シェイクスピアはいみじくも言った。

**「天と地のあいだには、おまえの哲学では及びもつかないことがあるのだ」と。**

それでは、どうすれば自然の法則を知ることができるのですか。どうすれば、学べるのですか？

学ぶのではなく、思い出すのだ。

どうすれば、思い出せるんですか？

まず、静かにすることだ。外の世界を静かにさせて、内側の世界が見えてくるようにしなさい。この内側を見る力、洞察力こそあなたが求めるものだが、外部の現実に心をわずらわせていては決して得られない。だから、できるだけ内側へと入っていきなさい。内側へ入らないときには、内側から外の世界と向かいあいなさい。つぎの箴言《しんげん》を忘れないようにして――。

**内側へ入っていかなければ、からっぽで出ていかなければならない。**

**このモットーを実感するために、一人称でくり返してごらん。**

**「内側へ入っていかなければ、わたしはからっぽで出ていかなければならない」**

あなたはこれまで、からっぽだった。だが、これからもそうである必要はないし、過去にだって、違う在り方はできた。

あなたはどんなふうにでもなれる。できないこともないし、手に入れられないものもない。

それは現実にしてはすばらしすぎる約束のように思えますが。

神の約束なら、それが当然ではないか？　わたしがすばらしくない約束をすると思うのか？

何千年ものあいだ、ひとびとはほんとうにしてはすばらしすぎる、というばかばかしい理由で神の約束を信じなかった。そして、もっと小さな約束、もっと小さな愛を選んだ。神の最も高い約束は最も高い愛から生じる。あなたがたは完璧な愛を考えられず、完璧な約束も考えられない。それに、完璧な人間も考えられない。だから、自分自身すら信じられない。

こうしたことを信じられないというのは、神を信じられないということだ。神を信じれば、神の最大の贈り物である無条件の愛と、神の最大の約束である無限の可能性が信じられる。

ちょっと、口をはさんでもいいですか？　神さまの話のじゃまはしたくないのですが……。でも、前にもその無限の可能性については聞いたことがあるけれど、人間の経験とは合致しないんです。平均的な人間がぶつかる困難はさておいても、知的、肉体的に制約をもって生まれてきたひとたちに課されるチャレンジはどうなんでしょうか。ハンディのあるひとたちにも無限の可能性があるんですか？

あなたがたの世界にある聖書にもそう書いてあるはずだ。いろいろな場所に、いろいろな書き方で。

たとえば、どんなところでしょう。

創世記の第一一章、第六節を見るがいい。

そこには……「そして主は言われた。彼らはみなひとつの民、ひとつの言葉である。彼らが、すでにこのようなことをしはじめたのなら、いまや彼らがしようとすることで、とどめられることはない」とある。そのとおり。これで信じられるだろうか。

でも、弱いひと、衰えたひと、ハンディのあるひとといった、制約のあるひとたちについての問いには答えていません。

そのひとたちに、自分が選びもしない制約があると思うのか。人間の魂が人生のチャレンジに――どんなチャレンジであれ――いきあたりばったりに出会っていると思うのか？ そう考えるのか？

それでは、魂は、どんな人生を経験するかを前もって選択しているというのですか？

いいや、違う。それでは出会いの目的が損なわれてしまう。現在という栄光ある時に、経験を創り出すこと、したがって自らを創り出すことが魂の目的なのだから。だから、どんな人生を経験するのか、前もって選びはしない。

だが、経験を創り出すためのひとや場所、出来事は選ばれ、条件や環境、そしてチャレンジや障害、機会と選択肢も選ばれている。パレットの色、道具箱のなかの道具、作業場の機械は選ばれているのだ。それで何を創るかは、あなたがたの仕事だ。それが人生というものだ。

魂が何を選んでも、あなたがたには限りない可能性が開けている。あなたがたが限られたものと呼ぶ肉体に宿る魂にはどんなことも可能だ。ただあなたがたには、魂の課題が理解できないし、魂の意図もわからない。

だから、あらゆるひとと条件を祝福し、感謝しなさい。そうすることで、神の創造物の完璧さを認め、神への信頼を示しなさい。神の世界ではいきあたりばったりに起こることは何もないし、偶然もない。世界は、あなたがたが運命と呼ぶ気まぐれな選択に翻弄《ほんろう》されてはいないのだ。

雪の結晶が完璧ならば、あなたがたの人生のすばらしさにも同じことが言えるとは思わないか?

でも、イエスだって病むひとを癒しました。そのひとたちの条件がそれほどに「完璧」なら、どうして、イエスは癒したのですか?

イエスは、そのひとたちの条件が完璧でないと思ったから癒したのではない。そのひとたちの魂がプロセスの一環として癒されることを求めていると気づいたから、癒したのだ。彼はプロセスの完璧さを見抜いていた。魂の意図を見抜き、理解していた。精神的、肉体的な病人のすべてが完璧さに欠けると考えていたなら、イエスは地上のすべての病人を一度に癒したはずではないか？　イエスにそれができたかどうか、疑うのか？

いいえ。疑いはしません。できたと思います。

よろしい。それでは、なぜイエスはそうしなかったか？　どうしてキリストは、ある者を苦しませておいて、ある者を癒すことを選んだか？　そもそも、神はなぜ苦しみを放置しておくのか？　その疑問は昔からあるし、答えはいつも同じだ。完璧だというのはプロセスのことであり、すべての人生は選択されたものだ。その選択に介入したり、疑問をもったりするべきではない。まして、非難するべきではない。

では、どうするべきか。魂がより高い選択を求め、実行するように見まもり、助けてやることだ。

ほかのひとたちの選択に注目しなさい。だが、決めつけたり、批判したりしてはいけない。彼らの選択はいまの時点では完璧だということを知っておきなさい。そして、彼らが新しい選択、異なる選択、より高い選択をしたいと思ったときには、助けてやれるようにそばにいてやりなさい。
ほかのひとの魂によりそい、一体になりなさい。そうすれば彼らの目的や意図がはっきりわかってくる。イエスも、彼に癒されたひとたち、そして人生に影響を与えられたひとたちの魂と一体になった。イエスは彼のもとへきたひとたちのすべて、あるいは差し向けられたひとたちのすべてを癒した。勝手な判断で癒したのではない。そんなことをしたら、宇宙の聖なる法則を踏みにじることになっただろう。
**それぞれの魂に、それぞれの道を自由に歩ませなさい。**

それでは、求められなければ誰も助けてはいけないのですか？　そうではないでしょう。でなければ、インドの飢えた子供を、アフリカで苦しんでいる大衆を、いたるところにいる貧しいひとや、しいたげられたひとを助けられなくなります。あらゆる人道的な努力ができなくなり、すべての慈善が禁じられることになります。個人個人が絶望して助けてくれと叫ぶのを、あるいは国民が援助を乞《こ》うのを待って、それからでなければ、明らかに正しい行為も許されないというのでしょうか。

答えは問いのなかにあるではないか。ものごとが明らかに正しいのなら、それをするがいい。だが、何かを「正しい」と考え、何かを「間違っている」と考えるのは、一方的な決めつけだということを覚えておきなさい。**ものごとは、あなたがそう言うから、正しいとか間違っていることになるのであって、それ自体には正邪はない。**

そうなんですか?

「正しい」とか「間違っている」とかは、ものごとの本質ではなく、個人の主観的な判断だ。その主観的な判断によって、あなたは自らを創り出す。個人的な価値観によって、あなたは自分が何者であるかを決定し、実証する。その判断をくだせるように、いまのような世界が存在している。世界が完璧になったなら、自分を創造するプロセスとしての人生はそこで終わってしまう。明日、訴訟がなくなれば、弁護士はやっていけなくなるだろう。明日、病気がなくなれば、医師もいらなくなる。明日、疑問がなくなれば、哲学者もいらない。

それでは、**明日、問題がなくなれば、神もいらなくなる**んですね!

そのとおり。あなたの言うとおりだ。創造を通じて存在するわたしたちすべてにとって、もう創造することがなくなる。ゲームは続いたほうがいいのだ。すべての問題を解決したいと言っても、すべての問題が解決してなくなればいいとは思わないだろう。そうしたら、何もすることがなくなってしまう。あなたがたの産業界と軍部はこのことをよく知っている。だから、戦争をしない政府を樹立しようとする試みに強く反対する。

医学界もこのことをよく知っている。だから、奇跡的な新薬や治療法に、まして奇跡そのものの可能性に、断固として抵抗する。自分たちの存立がかかっているからだ。

宗教界もこのことをよく承知している。だから、**不安や批判、報復というものを含んでいない神や**、彼らの信仰とは違った信念をもつ人間という考え方に、一丸となって攻撃を加える。

あなたこそ神であるとわたしが言ったら、宗教はどうなるか？　あなたは癒されると言ったら、科学と医学はどうなるか？　あなたがたは平和に暮らすだろうと言ったら、和平仲介者はどうなるか？　世界は完成された、改善の必要はないと言ったら、世界はどうなるか。

改善にたずさわる修理工はどうなるだろうか？

世界は基本的には二種類のひとびとから成り立っている。あなたの欲するものを与えるひとと、操作するひとだ。ある意味では、欲するものを与えるひと、肉屋やパン屋、ロウソクづくりなども、操作するひとだと言える。何かが欲しくなるというのは、どうしても必要だと思うようにしむけられるということだから。それが昂《こう》じて中毒になると、際限なく欲しがるようになる。欲望が中毒に変わらないように注意しなさい。

それでは、世界にはいつまでも問題があるだろうとおっしゃるのですか？　いつまでも問題があることのほうを、**あなたは望んでいるのですか？**

わたしは、世界がいまのようであるのは——雪の結晶が雪の結晶として存在するように——はっきりと意図された結果だと言っている。あなたがたが、そういう世界を創り出したのだ。自分の人生を創り出したように。

わたしが望むのは、あなたが望むことだ。あなたがたがほんとうに飢餓を終わらせたいと思った日に、飢餓はなくなるだろう。そうするための力はすべて与えてある。その選択をするための道具を、あなたがたはすべてもっている。だが、そうしなかった。できないからしないのではない。世界は明日にでも飢餓を終わらせることができる。あなたがたが、その選択をしないのだ。

毎日四万人が死ぬのには、やむをえない理由があるのだと、あなたがたは言う。だが、そんな理由はない。あなたがたは毎日四万人が餓死するのを止められないと言いながら、一方では毎日五万人の新しい命を誕生させている。それを、あなたがたは愛だという。それが神の計画だという。そんな計画は論理的でもなく、根拠もない。まして、同情とは何の関係もない。

あなたがたが選んだから、世界はいまのような状態なのだ。あなたがたは組織的に環境を破壊しておいて、いわゆる天災を神の残酷ないたずらだ、自然の厳しさだと言う。だが、自分にいたずらを仕掛けているのはあなたがた自身であり、残酷なのはあなたがたのやり方だ。

自然ほど優しいものはほかにない。そして、自然に対する人間の仕打ちほど残酷なものもほかにない。それなのに、あなたがたは手をこまぬいて、全責任を否定している。自分たちの過ちではないとあなたがたは言うが、それもあたっている。過ちではなく、選択の問題だからだ。

あなたがたは、明日、熱帯雨林の破壊を止めることができる。地球をまもるオゾン層の破壊を防止しようという選択ができる。地球の精巧な生態系への攻撃をやめようという選択ができる。雪の結晶をもとに戻そうと努力すること、あるいは少なくとも容赦《ようしゃ》なく解けていくのをくい止めようと努力することができる。だが、あなたがたはそうするだろうか？

同じく、**明日すべての戦争を終わらせることができる。**簡単に、たやすく。いま必要であり、これまでも必要だったのは、全員が心をひとつにすることだけだ。だが、人間どうしの殺しあいを終わらせるという基本的で単純なことでさえ、全員が同意できないのに、どうして天がこぶしを振りまわして、あなたがたの人生に秩序をもたらしてくれるなどと期待するのか。

わたしは、あなたがた自身がしないことは何もしない。それが法則であり、預言《よげん》だ。

世界がいまのようになったのは、あなたがたのせいだ。あなたがたが何かを選択した、あるいは選択しなかったせいだ（決意しないというのも決意のひとつだから）。

地球がいまのようになったのも、あなたがたのせい、あなたがたが何かを選択した、あるいは選択しなかったせいだ。

あなたがた自身の人生がいまのようになったのは、あなたがたのせい、あなたがたが何かを選択した、あるいは選択しなかったせいだ。


でも、わたしはあのトラックにひかれることを選んだのではない！ あの強盗に襲われることを選んだのではない、あの精神異常者に強姦《ごうかん》されることを選んだのではない。ひとはそう言うでしょう。そう言えるひとが、世の中にはたしかにいるんです。

あなたがたはみんな、根本のところで、強盗に盗みの欲求、あるいは必要性を起こさせる原因を生み出している。あなたがたひとりひとりが、強姦を可能にする意識を生み出している。あなたがたが自らのなかに犯罪の原因を見いだしたとき、ようやく犯罪の温床《おんしょう》となる原因の治療を始めることができる。

飢えたひとびとに食物を、貧しいひとびとに尊厳を与えなさい。運に恵まれていないひとに機会を与えなさい。大衆が群れて怒る原因となる偏見に、より良い明日へのささやかな約束によって終止符を打ちなさい。性的エネルギーに関する無意味なタブーや制約を捨て、ひとびとがその真のすばらしさを理解するように、適切な方向にエネルギーを向けるように助けてやりなさい。そうすれば、盗みや強姦がない社会に向かって大きく前進するだろう。いわゆる「事故」というもの、曲がり角の向こうから疾走してくるトラックや、空から降ってくるレンガについては、出来事を大きなモザイクの一片として受けとめる術《すべ》を覚えなさい。あなたがたは、それぞれ自分を救済する計画を実践するために、この世にやってきた。救済といっても、悪魔の誘惑から自分を救うという意味ではない。悪魔などというものはないし、地獄も存在しない。あなたがたは、真の自分を実現しないという忘却の淵《ふち》から自分を救おうとしているのだ。

あなたがたは闘いに負けるはずがない。失敗するはずがない。だから、闘いというよりは、単なるプロセスと言うべきだ。だが、それを知らなければ、いつももがいていなければならないと感じるだろう。人生は闘いだと信じ、闘いを中心に宗教をうちたててしまうかもしれない。その宗教は、闘いこそがすべてだと教えるだろう。だが、それは間違った教えだ。プロセスの進行は闘いではない。身をゆだねていれば、いずれは勝利が得られる。

事故は起こるべくして起こる。生命の要素があるときにある方法でぶつかり、ある結果を引き起こす。あなたがたは、自分なりの理由で、その結果を不運と呼ぶかもしれない。だが、魂の課題という点から考えれば、不運ではないかもしれない。

もう一度念を押しておこう。偶然というものはないし、何ごとも「たまたま」起こったりはしない。個々の出来事や冒険は、真の自分を創造し、経験するために、あなたがた自身によって呼び寄せられるものだ。〈マスター〉はみんな、それを知っている。だから、神秘な〈マスター〉たちは、人生で（あなたがたが言う）最悪の出来事にぶつかっても動揺したりはしない。

キリスト教の〈マスター〉たちは、このことを理解していた。たとえば、十字架にかけられてもイエスは動揺せず、それどころか十字架を予期していた。イエスは歩み去ることもできたのに、そうしなかった。イエスはどの時点でも、プロセスを停止させることができただろう。現にその力をもっていた。だが、そうしなかった。彼は人類を永遠に救済するために、十字架にかかることを選んだのだ。「見よ、わたしが何をなしえるかを」と彼は言った。真実を見なさい。そして、あなたがたにもそれが、それ以上のことができるのを覚えておきなさい。わたしは、あなたがたが神であると言ったではないか。だが、あなたがたは信じない。自分を信じられないなら、わたしを信じなさい、と。

イエスは憐れみ深かったから、誰もが天国にこられるように――自己を救済できるように

――と願い、ほかに方法がないなら、イエスを通してひとが天国にこられるように、世界に衝撃を与えることを願ったのだ。彼は人類の悲惨と死を打ち破った。あなたも同じことをするかもしれない。

キリストの最も偉大な教えは、あなたがたが永遠の命を得られるだろうということではない。あなたがたには永遠の命があるということだ。あなたがたは神のもとで兄弟となるだろうということではない。あなたがたは兄弟だということだ。あなたがたは求めたものを与えられるだろうということではない。すでに与えられているということだ。

必要なのは、それを知ることだけだ。あなたがたは自分の現実の創造者だ。そして人生はあなたがたが予想するようにしか、展開しない。

考えることは、現実になる。これが創造の第一歩である。父なる神とは考えだ。あなたがたの考えは、すべてのものごとを誕生させる親である。

それが、わたしたちが覚えておくべき法則のひとつですね。

そのとおり。

ほかのものも教えてもらえますか。

ほかの法則についてもわたしは話してきた。時の始まりから、わたしはすべてを語ってきた。何度も何度もくり返してあなたがたに語ってきた。何人も何人もの師をあなたがたのもとへ送ってきた。しかしあなたがたは、わたしが送った師に耳をかさない。それどころか彼らを殺してしまう。

**だが、どうしてなのですか？** どうして、わたしたちは人類のなかの聖者を殺すのでしょう。どうして、彼らを殺し、侮辱《ぶじょく》するのでしょう。殺すのも侮辱するのも同じことですね。**なぜでしょう？**

なぜなら、彼らはわたしを否定する考えに立ち向かうから。あなたがたは自分を否定しようとすれば、わたしを否定することになるから。

どうして、わたしはあなたを、あるいは自分を否定したがるのでしょう？

なぜなら、あなたがたは恐れているから。

あなたがたは不安だらけだ。なかでもいちばん大きいのは、わたしのいちばん大きな約束が人生最大の虚偽ではないかという不安だ。だから、あなたがたは自衛のために幻想を創り出す。力を与え、愛を保証する神の約束など、**悪魔の偽りの約束**に違いない、と主張する。神はそんな約束をするはずがない、そんなことをするのは悪魔だけだ、と自分に言い聞かせる。一方的に決めつけ、嫉妬し、復讐し、存在という存在を罰する恐ろしい悪魔、真の神を否定させようと誘惑する悪魔だけだ、と。そんな神は悪魔と言うほうが（悪魔がいるとしたらの話だが）ふさわしいにもかかわらず、あなたがたは創造者である神にふさわしい約束を受け入れまいとして、あるいは自分に神と同じ資質があることを認めまいとして、**悪魔的な性質**の神を考える。不安には、それほど大きな力がある。

不安を捨てるよう努力しましょう。それで、もう一度、ほかの法則について話してもらえますか。

第一の法則は、あなたがたは自分が想像するとおりになれるし、想像するとおりのことができるし、想像するとおりのものをもてるということだ。第二の法則は、あなたがたは恐れ、不安に思うものを引き寄せるということだ。

どうしてですか？

感情にはものごとを引き寄せる力がある。あなたがたは、自分が最も不安に思うことを体験することになる。動物——あなたがたが劣った生命体だと考えている動物（動物の行動のほうが人間よりも正直で一貫性があるのだが）——は、あなたがたが怖がっていると、すぐに感づく。あなたがたがさらに劣った生命体だと考えている植物は、どうでもいいと思っている人間よりも、かわいがってくれる人間にずっとよく応える。

これは、決して偶然ではない。前にも言ったとおり宇宙には偶然というものはない。壮大なデザインがあるだけ、信じられないような「雪の結晶」があるだけだ。

感情は動いているエネルギーである。エネルギーが動くと、効果が表れる。大量のエネルギーが動けば、物質が創り出される。物質は凝集したエネルギーだ。動きまわり、押しあうエネルギーだ。長いあいだ、一定の方法でエネルギーを操作すれば、物質が得られる。〈マスター〉はすべて、この法則を知っていた。これは宇宙の錬金術だ。すべての生命の秘密だ。

思考は純粋なエネルギーである。あなたがたが考えること、考えたこと、これから考えることはすべて創造につながる。思考のエネルギーは、決して死に絶えない。あなたがたの存在を離れて宇宙へと向かい、永遠に広がっていく。思考は永遠だ。

すべての思考は、凝結する。すべての思考はほかの思考と出会い、信じがたいエネルギーの迷路で行き違い、言葉につくせないほど美しく、信じがたいほど複雑な、つねに変容しつづけるパターンを生む。

エネルギーは似たものどうしが引きつけあう。そして（単純な言葉を使えば）似たエネルギーの「かたまり」を創る。似たような「かたまり」がたくさん出会い、ぶつかりあうと、お互いに（これも単純な言葉を使えば）「くっつきあう」。こうして、考えられないほど厖《ぼう》大《だい》なエネルギーが「くっつきあう」と、物質ができる。

こんなふうに、物質は純粋なエネルギーから創られる。それどころか、物質ができるにはそれしか方法がない。エネルギーがいったん物質になれば、反対の、あるいは似ていないかたちのエネルギーに破壊されない限り、物質としてとどまる。この似ていないエネルギーは物質に働きかけて、それを解体し、その物質を創りあげていたエネルギーを放出する。

これが、あなたがたの原爆のもとになる理論の初歩的な説明だ。アインシュタインは、宇宙の創造の秘密を発見し、説明し、利用するのに、誰よりも（彼以前の時代も以後の時代も含め）近いところにいた。

同じ精神をもったひとびとが力を合わせれば好ましい現実を創り出せるということを、あなたがたはそろそろ理解すべきだ。「二人でも三人でも、わたしの名において集まる所には、わたしもいるからです」というマタイによる福音書の言葉は、ずっと大きな意義をもつようになる。

もちろん、社会全体がある考えをもつようになれば、しばしば驚くべきことが起こる。必ずしも、社会を構成する全員でなくてもいい。たとえば、不安と恐れのなかで暮らしている社会には――実際に、そして必ず――最も恐れられるかたちの恐怖が生まれる。同じように、大きな共同体や集団が考えを合わせることで（あるいは一部のひとたちが言うように、同じ言葉で祈ることで）しばしば奇跡が起こる。

たとえ個人でも、その考えが――祈り、希望、願い、夢、不安が――驚くほど強ければ、奇跡的な結果を生み出す。イエスはたびたび、これを実践した。彼は、エネルギーと物質をどう扱うべきか、どう組み合わせなおし、配分しなおし、コントロールするかを理解していた。多くの〈マスター〉もそれを知っていた。いまでも知っているひとはおおぜいいる。

**あなたもそれを知ることができる。** たったいま。

それが、アダムとイヴが食べた善悪を知る智恵の実である。それを知るまでは、あなたがたのいまのような人生はありえなかった。アダムとイヴは――これは単に、最初の男と最初の女にあなたがたの神話が与えた名だが――人類の経験の父と母である。

アダムの堕落と説明されているものは、じつは向上だった。人類の歴史で最も偉大な出来事だった。それがなければ、相対性の世界は存在しなかっただろう。アダムとイヴの行為は原罪ではなく、じつは最初の祝福だったのだ。あなたがたは、彼らがはじめて「間違った」選択をしてくれたことを心の底から感謝すべきだ。**アダムとイヴは、選択を可能にしてくれたのだから。**

あなたがたの神話では、イヴが「悪者」にされている。善悪を知る智恵の木の実を食べ、巧みにアダムを誘惑して同じ罪を犯させたという。この神話によって、女性は男性を「堕落」させるということになり、性に対するかたよった見方や混乱は言うまでもなく、あらゆるゆがんだ現実を創り出してきた**（どうしてそれほど悪いものが、そんなに快く感じられるのだろう）。**

あなたがたが最も不安に思い、恐れるものが、あなたがたをいちばん苦しめる。不安は磁石のように対象を引き寄せる。人類の聖なる書物のすべてが――人類が創り出したあらゆる宗教的説話や伝統のなかで――「恐れるなかれ」、とはっきりと諭している。これを偶然だと思うか？

法則は非常に単純だ。

①思考は創造につながる。
②不安や恐怖は似たエネルギーを引き寄せる。
③存在するすべては愛である。

待ってください、その三つめにはびっくりしてしまう。不安や恐怖が似たエネルギーを引き寄せるなら、どうして存在するすべてが愛だということになるんですか?

**愛は究極の現実だ。それが唯一であり、すべてだ。愛を感じるということは、神を体験することだ。**

至高の真実のなかでは、存在するすべては愛であり、存在したすべて、これから存在するであろうすべても愛である。絶対の領域に入るとき、あなたがたは愛のなかへ歩み入る。

相対性の領域は、わたしが自らを体験するために創り出したものだ。このことは、もう説明した。だからと言って、相対性の領域が現実になるわけではない。それはあなたがたとわたしが自分を体験的に知るために工夫した、そしていまも工夫しつづけている、創られた現実だ。

だが、この創られた現実はほんとうに現実的に見える。現実的に見せて、ほんとうに存在すると思わせるのが目的だからだ。この方法によって、神は自分以外の「べつの何か」を考案した(厳密な意味ではこれは不可能なのだが。なぜなら、神、すなわちわたしは「すべて」であるから)。

「べつの何か」、つまり相対性の領域を創造することで、わたしは、あなたがたが神であると言われるだけではなく、神であることを選択できる環境を創り出した。その領域で、あなたがたは概念ではなく創造行為として、神格を体験できる。

不安や恐れは**愛の対極**である。これが**第一の両極**。相対性の領域を創ったわたしは、まず自らの対極を創り出した。さて、あなたがたが暮らす物質的な領域には、**二つの在り方しかない**と言った。不安と愛である。不安に根ざした思考が、ひとつの物質的な場を生む。愛に根ざした思考がもうひとつの場を生む。

地球に生まれた〈マスター〉たちとは、相対性の世界の秘密を発見したひとたちである。そして、それが現実だと認めなかったひとたちである。要するに**〈マスター〉とは、愛だけを選択したひとたちである。あらゆる時に、あらゆる環境で、彼らは愛を選択した。**自分たちが殺されても、殺害者を愛した。迫害されても、迫害者を愛した。

このことを理解するのは非常にむずかしいだろうし、まして見習うことはできにくいだろう。だが、〈マスター〉はすべてそうしてきた。哲学はどうでもいいし、伝統も、宗教もどうでもいい。すべての〈マスター〉は愛だけを選んだのだ。

あなたがたはそんな例をはっきりと見てきた。大昔から何度も何度も、目にしてきた。あらゆる時代、あらゆる場所で、それは示されてきた。あなたがたの人生のなかで、いつも見せられてきた。宇宙はあらゆる設定を利用して、この真実をあなたがたの前に差し出してきた。歌や物語、詩、踊り、言葉、動き、動く絵つまり映画、そして、本と呼ぶ言葉の集まりを通じて。

その真実は最も高い山頂から声高に叫ばれ、最も低い場所でささやかれてきた。**人類のあ**

**らゆる経験の回廊に、この真実がこだましている。**答えは愛、それが真理だ。**だが、あなたがたは聞こうとしなかった。**

いま、この本にめぐりあったあなたは、神が数えきれないほどの回数、数えきれないほどの方法で語ってきたことを、もう一度語ってほしいと言う。それでは、もう一度——ここで——この本のなかで語ろう。今度はあなたは耳をかすだろうか。ほんとうに聞こうとするだろうか。

何があなたをこの書物に導いたと思うか？　どうして、あなたがこの本を手にすることになったと思うか？　わたしが自分のしていることに気づかないとでも思うのか？

**宇宙には偶然などというものはない。**

わたしは、あなたの心の叫びを聞いた。あなたの魂の探求を見た。あなたがどんなに深く真実を求めているかを知っている。あなたは苦しみのなかで叫び、喜びのなかで叫んだ。限りなく、わたしを求めた。わたしに現れてくれ、説明してくれ、真実を明かしてくれと呼びかけた。

**そこでわたしはいま、こうして優しく、誤解しようのない言葉で答えている。簡単で、混乱しようのない言葉で答えている。平凡な、惑わされようのない言葉で話している。**

それでは、先へ進もう。何でも聞きなさい。何でもいい。工夫して答えよう。そのために、全宇宙を利用しよう。だから、注意していなさい。決して、この本だけがわたしの唯一の道具ではない。質問をしたら、この本を置いてみることだ。そして、目を凝らしなさい。耳をすましなさい。つぎに聴く歌。つぎに読む記事。つぎに見る映画。つぎに出会うひとの言葉。つぎに聞く川や大洋の波の音、耳に触れるそよ風のささやき。すべてがわたしの道具だ。すべての道がわたしに向かって続いている。あなたが耳を傾けるなら、話してあげる。あなたが招くなら、そばに行ってあげよう。そして、いつもそこにいたことを教えてあげよう。あらゆる方法で。

# 2

「あなたは私に、いのちの道を
知らせてくださいます。
あなたの御前には喜びが満ち、
あなたの右には、楽しみがとこしえにあります」

詩篇 16:11

わたしは生まれてからずっと、神への道を探してきました——。

それは知っている。

——それがいま、見つかっても、信じられないんです。こうして書きとめながら、自分で書いているような気がする。

そのとおりだ。

でも、神とのコミュニケーションとは、こんなものではないと思います。

神の来臨《らいりん》らしい鐘の音や笛の響きを聞きたいのか？　聞かせてやってもいいが。

だって、おわかりでしょうけれど、この本を冒瀆《ぼうとく》だと言うひとがきっといますよ。あなたがそんなに物わかりが良くて賢明だと、とくにそう言われそうだ。

ひとつ説明しておこう。あなたは、神が姿を現す方法はひとつしかないと思っている。そういう考え方は、非常に危険だよ。そう考えていては、あらゆるところに神を見ることはできない。神の現れ方はひとつしかないとか、語り方はひとつしかない、神の在り方はひとつしかないと思っていると、毎日わたしを見ていても気づかないだろう。たとえば、一生、神を求めつづけても、「彼」を探していたのでは、「彼女」を見つけることはできない。

**冒瀆と深淵のなかに神を見ることができない者は神の半面しかわからないのだ、と言われてきた。これは偉大な真理である。**

神は悲しみのなかにも笑いのなかにも、苦さのなかにも甘さのなかにもいる。すべての奥に聖なる目的がある――したがって、すべてのなかに聖なる存在がある。

以前、『神はサラミ・サンドイッチである』という本を書きはじめたことがありました。

あれはとてもいい本になっただろうに。インスピレーションを与えたのはわたしだ。どうしてあれを書かなかったのかね？

冒瀆だと感じたからです。少なくとも、恐ろしく的外れじゃないかと思ったからです。

……すばらしく的外れだという意味だろう！　神が、いかにもそれらしく「神々しく」なければならないと、どこから思いついたのか？　神は上昇であり下降。炎暑であり酷寒。左であり右。そして的確であり的外れなのだよ！

神は笑えないと思っているのか？　神にはおもしろいジョークがわからない？　神にはユーモアがない？　とんでもない、ユーモアを編み出したのは神だよ。

わたしと話すときは、ひそひそと話さなければならないか？　俗語や荒っぽい言葉を使ってはいけないと思っているのか？　親友と話すように、わたしと話してかまわないのに。わたしが聞いたことがない言葉がひとつでもあると思うか？　わたしが見たことのない光景がひとつでもあると思うか？　わたしが知らない音があるとでも思うか？

わたしがあるものを嫌い、あるものを愛する、そう思っているのかな？　**言っておくが、**

**わたしは何も嫌いはしない。反感をもたない。すべては生命であり、生命は贈り物だ。言葉にならない宝物、聖なるもののなかの聖なるものなのだよ。**

わたしは生命だ。生命はわたしだから。生命のすべての面に、聖なる目的がある。どんなものにも神が理解し、肯定した理由がある。


どうして、そんなことがありえるのでしょうか？　人間が創り出した悪はどうなのですか？


あなたがたが創り出すものはすべて――思考も、品物も、出来事も、それにどんな**経験**も――神の計画のなかにある。神の計画のもとで、あなたがたは望むものを何でも創り出すことができる。その自由に、神が神であることの体験がある。あなたがたを創り出したのはこの体験のためだし、生命そのものを創り出したのもそのためだ。

悪と言うが、それはあなたがたがそう呼ぶだけだ。だが、その悪だってわたしは愛する。悪と呼ぶものを通じて、あなたがたは善を知り、神の業《わざ》を行うことができるからだ。わたしは寒さも暑さも愛している。右も左も愛している。すべては相対的である。すべては、あるものの一部である。

わたしは「善」を愛しているのと同じように、「悪」を愛している。このことが理解できれば、あなたがたは神を理解できるだろう。

でも、わたしは善と悪が存在すると教えられて育ちました。善と悪は対立すると教えられてきました。神の目には、あるものはまずい、いけない、受け入れられないと教えられてきました。

神は何でも「受け入れる」。存在するものを神が受け入れないはずはない。拒否するというのは、その存在を否定することだ。何かがいけないというのは、それがわたしの一部ではないということである。そんなことはありえない。

だが、あなたは自分の信念をもち、自分の価値観に従いなさい。それはあなたがたの親の、そして親の親の価値観だから。友人の、そして社会の価値観だから。自分自身の価値観があなたの人生の骨組みになっている。それを失えば体験の布目がばらばらにほつれてしまう。ただ、価値観をひとつずつ検討しなさい。ひとつずつ、見なおしなさい。家を解体するのではなく、レンガをひとつずつ調べ、壊れていて、もう家の構造を支えられなくなっているものはとり替えなさい。

善悪についてのあなたがたの考え、それもあなたがたをかたちづくり、創造する思考のひとつだ。その思考を変える理由はひとつしかない。あなたがたが、「そう考えている自分」

では幸福ではないときだけだ。

あなたが幸福かどうか知っているのは、あなただけである。あなただけが、自分の人生について——「これはわたしの創造物である。わたしはとても満足している」と言うことができる。

あなたの価値観が自分に役立つなら、大事にしなさい。これがわたしの価値観だと言い、まもるために闘いなさい。だが、闘うといっても、誰も傷つけないように気をつけなさい。傷つけることは、癒しにはつながらない。

あなたは「自分の価値観に従いなさい」と言われたが、同時に、わたしたちの価値観はすべて間違っているとも言った。そこをわかるように説明してください。

あなたの価値観が間違っていると言ったのではない。しかし、正しいとも言わなかった。それは、ただの判断だ。評価すること、価値を決めることだ。しかも、たいていの場合、その決定はあなたがたではなく、誰か他人が決めている。あなたの親かもしれない。宗教かもしれない。教師、歴史家、政治家かもしれない。

あなたが真実だと思っている価値判断のなかで、体験にもとづいたものはごくわずかしかない。あなたがたは体験するためにこの世に生まれ、その体験を通じて自分を創りあげるはずだった。ところが、他人の体験から自分を創りあげている。

**罪というものがあるとすれば、これがそうだろう。他人の体験で自分を創りあげてしまうことだ。**

**それが、あなたがたが犯してきた「罪」である。ひとりひとりが犯してきた罪だ。**

**あなたがたは自分で体験するまで待たず、他人の体験を（文字どおり）福音として受け入れ、実際の体験をするときには、すでに知っていると考えていることをなぞる。**

そんなことをしなければ、まったく違った体験ができるのに。その体験は、教師や情報源のほうが間違っていると教えてくれるかもしれない。だいたいあなたがたは親や学校、宗教、伝統、聖書を間違っていると考えたがらない。だから、教えられたと思うことを受け入れて、体験のほうを否定する。

人間のセクシュアリティに対するあなたがたの態度を見ればよくわかる。

誰でも、性的体験が人間の行為のなかで最も愛すべき、胸躍る、力強い、昂揚《こうよう》する、新鮮で、エネルギッシュで、前向きで、親密で、一体感のあるものだと知っている。

それなのに、あなたがたは他人が考え出した性に関する判断、見解、考えのほうを受け入れる。その他人は、自分が得になるから同じ判断をさせたがるのだ。

そういう見解、判断、思考は体験と真っ向から対立するのに、あなたがたは**教師が間違っていると考えるのがいやだから、間違っているのは体験のほうだ**と自分に言い聞かせる。

その結果、あなたがたは真実を裏切り、そのために、破壊的な影響が生じている。金銭についても、同じことだ。大金をもつたびに、あなたはうれしくなった。大金を受ければ喜び、使うと楽しくなった。それは悪いことではない。それ自体が悪であること、本質的に「間違っている」ことは何もない。だが、この問題でも、ほかのひとの教えが深くしみこんでいるから、他人の「真実」を認めて、自分の体験を否定する。あなたがたは他人の「真実」を自分のものとし、それを中心に思考を築いてきた。思考は創造だ。あなたがたは金銭に対しては、金銭を遠ざけるという現実を創り出してきた。

だって、善でないものを引きつけようとするはずはないだろう。驚いたことに、あなたがたはそれと同じ矛盾を、神についても創り出してきた。神に関する心の体験はすべて、神は善であると教えている。だが、神について教える者は、神は悪であると語っている。あなたがたは心では、神を恐れたりせず愛すればいいと感じている。神について教える者は、神は復讐心に満ちている、恐れよ、と言う。神の怒りを恐れて生きよと言う。あなたがたは、神の存在に震えおののかなければならない。一生、神の審判を恐れて暮らす。神は「正義」だと彼らが言うから。そして神の恐るべき正義を前にしたら、きっと困ることになるぞ、だから、神の戒律に「従順」であれ。さもないと大変なことになるぞ、と言うから。

だいたいあなたがたは、「もし神が法に厳格に従うことを望むなら、どうして法が破られる可能性などをお創りになったのか」という、あたりまえの質問をしようとしない。もちろん、彼らは、神があなたがたに「自由な選択」をさせようとなさったからだ、と教える。だが、一方ではなく片方を選んだら責められると言うなら、自由な選択とは言えない。あなたがたの意思ではなく、誰かべつの者の命令によって選択するのなら、「自由意思」とは言えない。あなたがたにそう教えた者は、神を偽善者にしている。

あなたがたは、神は赦してくださる、情け深いと教えられる。だが、「正しい方法」で赦しを願わなければ、適切な方法で「神のもとへ」おもむかなければ願いは聞き届けられないから、叫んでもむなしいだけだと言われる。適切な方法がひとつしかなければそれもいいが、宗教の数だけ「適切な方法」が存在する。

そこで、ほとんどのひとは、おとなになってからの人生の大半を「正しい」礼拝方法、正しい神への従い方、正しい仕え方を探し求めて過ごす。ところが皮肉なことに、**わたしは礼拝を求めていない。あなたがたの従順は必要ないし、仕えてもらう必要もない。**

そうしたことは昔から支配者が人民に求めてきた態度だ。支配者は、ふつうはきわめて自己中心的で、不安定で、専制的だ。そんなものは神の戒律ではない。そんな戒律が偽物で、神の必要性や欲求とは何の関係もないことに、世界がまだ気づかないというのは不思議なくらいだ。

**神には何も必要ではない。「すべて」、それが神だからだ。**欠けているもの、必要なものは何もない。それが神という存在なのだ。

神が何かを必要とする——それが手に入らなければ、怒って相手を罰すると考えるなら、あなたがたはわたしよりもずっと小さな神を信じることになる。あなたがたは劣った神の子だということになる。

**わが子たちよ、もう一度、はっきりと言う。わたしには必要なものはない。わたしは何も求めない。**

だからといって、わたしに欲求がないわけではない。欲求と必要性は同じではないからだ(同じだと思っている者が多いが)。

欲求とは、すべての創造のはじまりである。最初の考えである。魂のなかの偉大な感覚である。それは神であり、つぎに何を創造するかの選択である。では、神の欲求とは何か。

**第一に、栄光のなかでわたし自身を体験することを願った。**わたしが何者であるかを知ることを願った。あなたがたを、そして宇宙の世界すべてを創り出す前には——それは不可能だった。

**第二に、あなたがたに**「自分で選んで創造し、体験する」という力を与えて、**真の自分を知って体験させようと願った。**

**第三に、生命のプロセスのすべてがたえまない喜びと創造の体験であり、終わることのない拡大で、一瞬一瞬が充分に満たされることを願った。**

欲求を実現させるために、わたしは完璧なシステムをつくりあげた。そのシステムはいまも働きつづけている。いま、この瞬間にも。あなたがたとわたしとのたったひとつの違いは、それを知っているかどうかだ。あなたがたがすべてを知ったときには（その時はいつきてもおかしくない）、あなたがたも、わたしと同じように感じるだろう。大きな大きな喜びと愛と受容と祝福と感謝を感じるだろう。

この五つは神の姿勢である。あなたがたもこの五つを実践すれば神性が得られることを、この対話のなかで教えてあげよう。短い質問なのに、ずいぶん長い答えになった。

そう、自分の価値観に従いなさい。それが役に立つと思うあいだは。ただし、その価値観が役に立っているかどうか、最も気高く、すぐれた考えを体験する場を与えてくれているかどうか、思考と言葉と行動を通じて、点検しなさい。

価値観をひとつずつ検討しなさい。外の光にあててみなさい。世界に向かって、自分が何者か、何を信じているかを、ためらわず、はっきりと言いきれるなら、あなたは幸せだ。この対話をこれ以上続ける理由はないだろう。なぜなら、あなたは自分を――自分のための人生を――創り出していて、改善の必要がないのだから。あなたは完璧に到達した。この本は閉じてよろしい。

わたしの人生は完璧じゃありませんし、完璧に近くもありません。それどころか、欠陥だらけです。その欠陥をなんとかしたいと——時にはほんとうに必死で——願っています。何が原因でこういう行動をとってしまうのか、堕落するのか、何が障害なのか知りたい。だからこそ、あなたのもとへきたのだと思います。自分では答えが見つけられないのですから。

あなたがきたことをわたしは喜んでいる。わたしはいつも、あなたを助けるためにそばにいた。いまもそばにいる。自分で答えを見つける必要はない。これまでもなかった。

でも、こうして座ってあなたと対話しているなんて、しかもあなたが——神が——答えてくれると想像するなんて……**ひどく厚かましい感じ**がします。だって、こんなのは狂気のさたですよ。

そうか。聖書の執筆者はすべて正気だったが、あなたは狂気だというわけか。

聖書の執筆者はキリストの人生の証人で、見聞きしたことを忠実に書きとめたんです。

訂正しよう。新約聖書の執筆者のほとんどは生きているキリストを見たことも、会ったこともない。彼らはイエスが地上を去ってから何年もたって生まれている。彼らはナザレのイエスに道で会っても、気づかなかっただろう。

しかし……。

聖書の執筆者たちは偉大な信者で、偉大な歴史家だった。彼らは自分たちや友人たちに伝えられた物語を書きとめたのだ。長老から長老へと、文字になるまで言い伝えられてきた物語を。

**しかも聖書の執筆者が知っていたことのすべてが、完成した書物に収められたわけではない。**

イエスの教えの周囲にすでに「教会」が生まれていた。そして、力強い教えのまわりにひとびとが集うときにはどこでも必ずそうだが、教会のなか、信者の集団のなかには、イエスの物語のどの部分をどのように語るかを決めたひとびとがいた。この取捨選択、編集のプロセスは、福音と聖書の内容を収集し、文字にし、出版するまで続いた。もとの聖書が書かれて何世紀かが過ぎたあとでさえ、カトリック教会の公会議が、公的に認められている聖書にどの教義と真理を収めるかを決めていた。それに、どの教義が「不健康」あるいは「時期尚早」で、大衆に知らせてはならないかも決定していた。

聖なる書物はほかにもある。どれも、ほかの面ではごくふつうのひとびとが、インスピレーションを得て書いたもので、どの執筆者もあなた以上に狂気だったわけではない。

それでは、この文章がいつか「聖なる書物」になると言われるのですか?

わが子よ、**人生のすべては神聖だ。**その意味では、この文章は聖なる文章だ。だが、言葉あそびでごまかすつもりはない。あなたの言いたいことはわかっている。いや、この文章がいつの日にか聖なる書物になるとは言わない。少なくとも数百年は、あるいはここで使われている言葉が時代遅れになるまでは、そうはならないだろう。ここで語っている言葉があまりに口語的で、平易で、現代的すぎるのが問題なのだ。ひとびとは、たとえ神が直接語るとしても、隣の住人のような話し方はしないと思っている。超自然的とは言わないまでも、言葉の構造に統一性があるはずだと考えている。おごそかさとか、神々しさがあるはずだと。

以前にも言ったように、ひとは神がひとつのかたちでしか「現れない」と感じている。そのかたちに反するものはすべて、冒瀆だと思っている。

わたしもそう言いました。

あなたもそう言った。だが、あなたの質問をよく考えてみよう。どうして、神と対話できることが狂気のさただと思うのか？　祈りを信じてはいないのか？

信じています。でも、それとこれとは違う。わたしにとって、祈りはいつも一方通行でした。わたしが神にお願いする、神は黙っている、というように。

神は一度も祈りに答えなかったか？

少なくとも、**言葉によっては答えてくれませんでした。**そうでしょう？　人生には、これはきっと祈りへの答えだと思うようなことがいろいろありました。でも、神は一度もわたしに話しかけはしなかった。

そうか。それでは、あなたが信じている神――何でもできる神――は、話すことはできないわけだ。

もちろん神は話せます。神が望めば。ただ、神がわたしなんかに話そうと望まれるとは思えません。

**あなたが人生でぶつかるすべての問題の根はそこにある。あなたは、自分が神に話しかけられるほどの価値があるとは思っていない。**

だが、神が話しかけてくるほどの価値はないと信じていたら、神の声を聞こうとか、聞きたいとかも考えられないではないか。**よいか、わたしはいま奇跡を行っている。あなたに話しているだけでなく、この本を手にとり、これらの言葉を読むひとすべてに話しかけている。**

そのひとりひとりにわたしは話している。そのひとりひとりが誰だか、わたしは知っている。誰がこれらの言葉への道を見つけるかも知っているし――(わたしのほかのコミュニケーションと同様に)聞いて理解することができるひとも、聞くだけで何もわからないひとがいることも知っている。

それで思い出しました。じつはこの文章を本にして出版しようと考えているんです。

そう。それで、どこが「まずい」のか?

金儲《もう》けが目的で、すべてをでっちあげたとは言われないでしょうか? まわりから疑惑の目で見られませんか。

あなたが書くのは、金儲けが動機なのか。

違います。そんな動機で、始めたんじゃありません。この紙上の対話を始めたのは、三〇年も悩んできた問題の、答えが**知りたかった**から、答えに飢えていた問題があったからです。本にしようと思いついたのは、ずっとあとのことです。

わたしが思いつかせたのだ。

あなたが?

そう。わたしがこのすばらしい質疑応答のすべてをむだにするとは思わないだろう?

それは考えませんでした。はじめは、質問に答えてもらいたかっただけなんです。欲求不満を解消したかった。探索を終わりにしたかったんです。

よろしい。それでは動機についてとやかく言うのはやめよう(あなたはしじゅう動機を気にする)。そして、先へ進もう。

# 3

わたしにはたくさん質問があります。百、千、百万、数えきれないほどたくさんの問いです。それで、どこから始めたらいいか、わからなくなってしまいます。

とにかく、質問を並べなさい。どこからでも始めればいい。さあさあ、思いつくままに、質問を並べてごらん。

わかりました。とても単純な、俗っぽい質問もあるんですが。

自分自身を批判するのはやめなさい。ただ、質問を並べなさい。

わかりました。それじゃあ、いま思いついた質問です。

①わたしの人生はいつになったら、上向くのでしょうか。「うまくいく」ため、わずかな

成功でもいいから達成するためには、何が必要なんでしょうか？　もうあがきつづけなくていいという日はくるんでしょうか？

②いつになったら、人間関係がわかって、円滑な関係を結べるようになるでしょうか？　幸せな人間関係を結ぶ方法があるのでしょうか？　人間関係というのは、いつまでも課題なのですか？

③わたしはどうしても金に困らない暮らしができないようですが、なぜなのでしょう？　一生あくせくする運命なんでしょうか？　自分の可能性を充分に実現できないのだとしたら、何がじゃましているんでしょうか？

④どうして人生でいちばんしたいことをしながら、暮らしていくことができないのでしょうか？

⑤いま抱えている健康上の問題は、どうすれば解決できるでしょうか？　一生続くほどの慢性的な問題を抱えこんでいます。どうして、こんなことになってしまったのでしょうか？

⑥わたしがこの世で学ぶべき因果《カルマ》の教訓は何なのでしょうか？　わたしは、何を克服しようとしているのでしょうか？

⑦輪廻転生《りんねてんしょう》ということはあるんでしょうか？　わたしは過去に何度くらい生まれ変わったのでしょうか？　過去の生でわたしは何だったのでしょうか？　「因果応報」というの

は真実ですか？

⑧ときどき、自分が超能力者のような気が強くするんです。「超能力者」というのはいるんでしょうか？　わたしがそうなのですか？　超能力者だと主張するひとたちは、「悪魔と交流」しているんですか？

⑨良いことをしてお金をもらってもいいのでしょうか？　たとえばこの世でひとを癒す仕事を選んだとして――これは神の業ですね――その仕事で金持ちになってもいいのでしょうか？　それともこの二つは両立しないんでしょうか？

⑩セックスはいいことですか？　この人間体験の陰にあるほんとうの物語とはいったい何なんでしょう？　一部の宗教で言われるように、セックスは純粋に生殖のためのものなんですか？　真のきよらかさと悟りは、性的エネルギーの否定――あるいは昇華――を通じて達成されるのですか？　愛情のないセックスをしてもいいのでしょうか？　肉体的な感覚だけを目的にセックスをしてもいいのでしょうか？

⑪誰もができるだけセックスから離れているべきだとしたら、どうして、セックスをあれほどすばらしく、めざましく、力強い人間体験になさったんですか？　どうしてなのですか？　だいたい、楽しいことはみんな「不道徳か、違法か、太るもと」というのは、なぜなんですか？

⑫ほかの星に生命体はいるのですか？　異星人が地球を訪れたことはあるんですか？　い

まも、わたしたちは観察されているのですか？　わたしたちが生きているうちに、べつの星に生命体があるという——反論しようのない、決定的な——証拠を見ることはあるのでしょうか？　それぞれの生命体はそれぞれの神をもっているのですか？　あなたはすべての神なのですか？

⑬地球にユートピアが実現することはあるのでしょうか？　神は約束されたように、地球のひとびとに姿を見せることがあるのでしょうか？　再臨《さいりん》はあるのでしょうか？　世界の終わりはくるのでしょうか。あるいは聖書で予言されている黙示録《もくしろく》的世界の到来はあるのでしょうか？　たったひとつの真の宗教があるのでしょうか？　あるとすれば、どの宗教ですか？

これは、わたしの質問のほんの一部です。前にも言ったように、ほかにもたくさんあるんです。なかには、あんまり幼稚で恥ずかしい質問もあります。でも、どうぞひとつずつ答えてください。そして、それについて「対話」をしてください。

よろしい。ではとりかかろう。質問を恥ずかしがることはない。何百年も男たちや女たちがたずねつづけてきた質問だ。ばかばかしい質問だったら、何代にもわたって問いつづけはしなかっただろう。そこで、第一の質問だ。

**わたしはあなたがたが選んだとおりのものをもてるように——創造できるように——する**

**ために、宇宙に法則をうちたてた。この法則は破ることができないし、無視することもできない。たったいま、これを読んでいるときにも、あなたがたは、その法則に従っている。法則に従わずにいることはできない。ものごとはその法則に従って動くのだから、その法則を回避することもできないし、法則に反する動き方もできない。**

人生の一瞬一瞬がすべて、その法則のなかで動いている——そして、あなたが経験してきたことはみな、この法則によって創造したことだ。

あなたがたは神のパートナーである。わたしたちには永遠の契約がある。わたしは、つねに望むものを与えると約束した。あなたがたの役割はたずねることだ。たずねて答えを得るというプロセスを理解することだ。このプロセスについては、もう説明した。だが、よくわかるようにもう一度説明しよう。

あなたがたは、三層から成り立っている存在だ。〈身体と精神と霊魂〉とでできあがっている。これは〈肉体、非肉体、超肉体〉と呼んでもいい。**この聖なる三位一体はいろいろな名前で呼ばれてきた。**

それがあなたがたであり、わたしだ。わたしは三つでひとつの存在なのだ。

あなたがたの時は過去、現在、未来に分けられている。これは無意識、意識、超意識と同じものとは言えないか？

空間も三つに分けられる。ここ、あそこ、その間である。

「その間」というのは、むずかしく、とらえどころがない。意味をはっきりさせて、説明しようとしたとたんに、その空間は「ここ」か「あそこ」になってしまう。だが、あなたは「その間」が存在することを知っている。それが「ここ」と「あそこ」を支えている。

ちょうど、永遠なる現在が「以前」と「以後」を支えているように。

あなたがたの三つの要素は、実際には三つのエネルギーである。それを思考、言葉、行為と呼んでもいい。この三つが合わさって結果が生じる。あなたがたはそれを、感情とか経験と呼んでいる。

**あなたがたの〈魂〉――つまり超意識、イド(イデー)、霊魂、過去――は、かつて経験した(創造した)すべての感情の総和である。**その一部で、意識のなかに浮かびあがってきたものを記憶と呼ぶ。それが、思い出す(re-member)ということだ。思い出すとは、かつて経験した感情をふたたびメンバーにする、部分を集め、並べかえるということだ。

自分の部分を集めて並べかえると、真の自分が思い出される。

創造のプロセスは思考から始まる。考え、概念、ヴィジョンだ。あなたが見ているものはすべて、かつて誰かの思考だった。すべて、最初は純粋な思考から始まっている。それ以外のものは存在しない。

これは宇宙でも同じことだ。

思考が創造の最初の段階。

つぎに言葉がくる。あなたが言うことはすべて、考えたことの表れである。言葉は創造につながり、創造のエネルギーを宇宙に放出する。言葉は思考よりダイナミックだ（より創造的だと言っていい）。なぜなら、言葉と思考は波動のレベルが異なる。言葉は思考より大きな衝撃を与えて宇宙をゆるがす（変化させ、改め、影響を及ぼす）。

言葉が創造の第二の段階。

つぎに行為がくる。

**行為は動いている言葉である。言葉は考えたことの表れである。考えるとは思いをかたちづくること、思いとはエネルギーの集まりである。エネルギーは放出された力である。力は実在の要素である。要素は神の分子で、すべての成分であり、あらゆるものの実体である。**

はじまりは神で、終わりは行為である。行為は創造する神、あるいは体験された神である。

あなたがたは自分が神の一部や、神のパートナーであるはずはない、それほど善良でもすばらしくもないし、純粋でもないと考えている。長いあいだ否定してきたので、真の自分を忘れてしまったのだ。

それも偶然ではない。すべて、聖なる計画の一部なのだ。あなたがたが、真の自分をすでに実現しているとしたら、真の自分を主張することも、創造することも、体験することもできない。まず神であるわたしとのつながりを捨て（否定し、忘れ）なければ、それを創造して——呼び出して——体験することはできない。あなたがたの最大の望み——神であるわたしの最大の欲求——は、あなたがたが神の一部としての自分を体験することだ。あなたがたは一瞬一瞬に新たな自分を創造し、自分自身を体験しつづけている。わたしもそうだ。あなたがたを通じて自らを体験している。

あなたがたは、神のパートナーなのに、その意味がつかめないのか？　それは神とあなたがたの聖なる協力である——聖なる一体化である。

そこで、あなたの人生が「上向く」のは、あなたがそう選択したときだ。あなたはまだ、その選択をしていない。あなたはずるずると先に延ばし、遅らせ、抵抗してきた。もう、約束されたことをはっきりさせ、実現するべきだ。そのためには、約束を信じ、そのとおりに生きなければならない。**神の約束どおりに生きなければならない。**

神の約束とは、あなたが神の息子であるということだ。あなたは神の子孫、神のごときもの、神と対等な存在だ。

ああ……そこであなたはとまどう。「神の息子」「神の子孫」「神のごときもの」は受け入れられても、「神と対等な存在」だと言われると、ためらう。それではあまりにおそれ多くて受け入れられない。あまりに大きすぎる、あまりにすばらしすぎる——あまりに責任が重すぎる、というわけだ。もし神と対等な存在なら、外からはあなたに何もできないということになる。すべてはあなたによって創造されたことになる。**もう被害者も悪人もな**

**い。ただ、ものごとに対するあなたの考えの結果があるだけだ。そのとおり、あなたが世界で見るものはすべて、あなたの考えの結果だ。**

ほんとうに、人生が「上向く」ことを望むのか？　それなら、まず、人生に対する考えを変えなさい。自分に対する考え方を変えなさい。そして、神である自分らしく考え、話し、行動しなさい。

もちろん、そうすると、おおぜいの——ほとんどの——人間に奇異の目で見られるだろう。狂人と呼ばれ、冒瀆者と呼ばれるだろう。やがては、迫害されるだろう。あなたが勝手な幻想のなかに住んでいると思うからではない（私的な楽しみなら放っておいてくれる）。そうではなくて、遅かれ早かれほかのひとびとがあなたの真実に引きつけられるからだ。神の約束はほかのひとびとのものでもあるから。

そこで、迫害するひとびとが現れる。あなたが彼らをおびやかしはじめるからだ。あなたの単純な真実、単純な真実のままの人生は、俗世界のひとびとが考案するどんなものよりも美しく、心地よく、安らかで、愛に満ちているからだ。

その真実が採用されるということは、彼らの方式の終わりを意味する。憎しみと不安と偏狭と戦いの終わりを意味する。「わたしの」名において行われてきた非難と殺戮《さつりく》の終わりだ。力が正義である時代の終わりだ。力によって目的を追求する時代の終わりだ。彼らが知っている世界の終わり——これまで彼らが創り出してきた世界の終わりだ。

だから、覚悟しておきなさい。聖なる大義を受け入れて、実践しようと決意した瞬間から──ほんとうの自分を実現した瞬間から──あなたは中傷され、唾棄《だき》され、ののしられ、捨てられ、ついには──彼らのやり方で──責められ、裁かれ、糾弾《きゅうだん》されるだろう。

それでも真の自分を実現しようとするのはなぜか？

あなたはもう、世界に受け入れられるかどうか、肯定されるかどうかにはこだわらなくなるからだ。世界に肯定されても満足できず、世界に与えられてきたものでは喜べないからだ。あなたは苦痛を終わらせ、苦しみを終わらせ、幻想に終止符を打ちたいと願う。あなたは、いまのような世界にはうんざりしている。新しい世界を求める。

だが、もう求めるのはやめなさい。**新しい世界を呼び出しなさい。**

どうすればいいのか、もっとよく教えてくれませんか？

よろしい。まず、最も気高い、こうありたいと思う自分を考えなさい。そして、毎日そのとおりに生きたらどうなるかを想像しなさい。自分が何を考え、何をし、何を言うか、ほかのひとの言動にどう応えるかを想像しなさい。

そんなふうに想像した姿と、いま自分が考え、行い、言っていることが違うのはわかるだろうか？

ええ。大きな違いがあります。

そうだろう。いまは、あなたは最高のヴィジョンを生きていないのだから。さて、いまの自分とこうありたいと望む自分の違いがわかったら、考えと言葉と行動を気高いヴィジョンにふさわしく——意識的に——変えようと決心しなさい。

それには、とても大きな精神的、肉体的努力が必要になる。一瞬も怠らず、つねに自分の思考と言葉と行為を見張っていなくてはならない。つねに——意識的に——選択を続けなければならない。このプロセスは、意識的な人生への大きな一歩だ。そう決意すると、人生の半分を無意識のまま過ごしてきたことに気づくだろう。結果を体験するまで、自分が思考と言葉と行為をどう選んでいるか、意識しないできたということだ。しかも、結果を体験しても、自分の思考、言葉、行為がそれと関係があるとは考えない。

**これは、そんな無意識の生き方はやめなさいという呼びかけだ。あなたの魂が時のはじめからあなたに求めてきた課題なのだ。**

そんなふうに、精神的な見張りを続けているなんて、へとへとになりそうですが——。

そうかもしれない。だが、いつかは第二の天性になるだろう。実際に第二の天性なのだから。無条件に愛するというのが第一の天性。その最初の天性、真の天性を意識的に表現する——そう選択することが第二の天性だ。

すみませんが、そんなふうにいちいち自分の言動を検閲していたら、「愚鈍で退屈な人間」になってしまいませんか？

そんなことは決してない。違った人間にはなるだろう。だが、愚鈍で退屈だということはない。イエスは退屈だったか？　そうではないだろう。仏陀はつまらない人間だったか？　ひとびとは彼のまわりに集まり、そばにいたいと懇願した。悟りを開いたひとは決して退屈ではない。ふつうではないかもしれないし、非凡かもしれない。だが、退屈ではない。

あなたの高いヴィジョンにそぐわない考えが浮かんだら、そのとき、その場で「新しい考え」に変えなさい。立派な考え方にそぐわないことを言ってしまったら、二度とするまいと心に銘記しなさい。最善の意図にそぐわないことをしたら、これを最後にしようと決意しなさい。そして、できれば関係者たちに訂正してまわりなさい。

それは以前にも聞きましたが、いつも冗談じゃないと考えていました。だって、不正直じゃありませんか。ひどく具合が悪くても、認めるなということでしょう。……すっからかんの一文無しでも、貧乏だと口に出すな。とんでもなく動揺していても、顔に出すな。そういうのを聞いていると、地獄に落とされた三人というジョークを思い出します。ひとりはカトリック教徒、ひとりはユダヤ人、ひとりはニューエイジの考え方をする者だった。悪魔がカトリック教徒を嘲笑《ちょうしょう》してたずねます。「地獄の熱さにあたって、気分はどうだい?」すると、カトリック教徒はべそをかきながら答えます。「どうぞ、もっと熱くしてください」。つぎに悪魔はユダヤ人にたずねます。「あんたはどんな気分だね?」。ユダヤ人は、「この程度ならましなほうでしょう?」。最後に悪魔はニューエイジの一員にたずねます。すると彼は汗をだらだら流しながら、「熱い? 熱いって何のことですか?」と言うんです。

おもしろいジョークだね。だが、問題を無視したり、問題などないふりをしろと言っているのではないんだよ。状況をきちんと意識し、気高い自分の姿に照らして語りなさいということだ。

破産したときは破産したときだ。それを偽ってもしかたがないし、認めまいと物語をでっちあげてもむだだ。だが、あなたは「破産は悪いことだ」「恐ろしいことだ」「自分は悪い人間だ。良い人間なら一生懸命働くし、**破産なんかすまい**と努力するだろうに」などと考える。その考えが、「破産」の経験を支配する。「わたしは破産した」「一文無しだ」「もう金がない」というあなたの言葉によって、破産している期間が決まる。それをとりまく行動が――自分を憐れんだり、落ちこんだり、「どうせ、だめなんだ」と思って、脱出の道を探そうとしないことが――破産という現実を長びかせる。

宇宙には「良い」状況も「悪い」状況もないことを第一に理解しておくべきだ。すべてはあるがままにすぎない。だから、価値判断はやめなさい。

第二に、すべての状況は一時的だ。**どんなこともいつまでも同じままではいないし、静止してはいない。どちらの方向へ変わるかはあなたしだいだ。**

またじゃまをしてすみませんが、それじゃ、たとえば病人がいて、山をも動かすような信念をもっていて、きっと良くなると信じ、口にもしていたのに……六週間後に亡くなったという場合はどうなんですか? これはその前向きのプラス思考、積極的な行動にあてはまるんですか?

よろしい。厳しい質問をしてきたな。あなたは言われたことを鵜呑《うの》みにしていない。いずれは、わたしの言葉をそのまま受け入れなければならない時がくる。こうして永遠に話しあっても対話は終わらない。もうあとは「試してみるか、否定するか」だけが残されていると気づくときが、いつかはくる。だが、いまはまだその時ではない。だから、対話を続けよう。

「山をも動かす」信念の持ち主が六週間後に死んだのなら、そのひとは六週間、山を動かしたのだ。彼にとっては、それで充分だったのだろう。彼はその最期の日の、最期の時間に、「オーケー、もう充分だ。つぎの冒険に進もう」と決めたのではないか。本人が言わなかったので、あなたはそれを知らないかもしれない。じつは、彼はずっと前に——何日も、何週間も前に——決意していたのだが、話さなかったのかもしれない。おそらく誰にも話さなかったのだろう。

あなたがたは、死ぬのは良くない、という社会を創りあげた。死んでもいいなんて言ってはいけない、そんな社会だ。あなたがたは死にたくないから、どんな環境あるいは状況でも、死ぬことを望んでいる者がいるなんて想像できない。

生きているより死んだほうがいい、という状況はたくさんある。少しでも考えれば、想像がつくはずだ。だが、自ら死を選んだひとの顔を見ているとき、あなたがたはその真実には気づかない。それほど、わかりやすくはないから。死にゆくひとは、まわりのひとが死を受け入れたがらないことを知っている。部屋にいるひとたちが、自分の決意をどう受けとるかを感じる。

部屋に誰もいなくなってから死ぬひとが多いのに、気づいたことがあるだろうか？　愛する者に「さあ、向こうへ行きなさい。何か食べていらっしゃい」とか「行って少し眠ってきなさい。わたしはだいじょうぶだから。明日の朝、また会おう」と言う者さえいる。そして、親衛隊が去ると、魂はまもられていた身体から離れる。

もし、「わたしはもう死にたい」と言ったら、集まった家族や友だちは、「まさか、本気じゃないでしょう」とか「そんな言い方をしないでください」「がんばって」「わたしを置いていかないで」などと言うだろう。

医療専門家はみんな、ひとが安らかに、尊厳をもって死ねるようにするのではなく、ひとを生かしておくように訓練されている。

医師や看護婦にとって、死は失敗なのだ。友人や親戚《しんせき》にとって、死は災いだ。ただ、魂にとってだけ死は救い、解放だ。

死にゆく者への最大の贈り物は、安らかに死なせてやることだ。「がんばれ」とか、苦しみつづけろだの、本人にとっての人生最大の転機に、まわりのことを心配しろだのと要求しないほうがいい。

まだ生きると言い、まだ生きられると信じていると言うひと、生きたいと祈っているひとでさえ、魂のレベルでは「気が変わっている」ことがしばしばある。魂が身体を捨てて自由になり、べつの探求の旅に出るときがきた、と決意したら、身体が何をしても決意をひるがえすことはできない。精神が何を考えても、変えることはできない。死ぬときに、身体と心と魂のうちのどれがものごとを動かしているのかがわかる。

一生を通じて、あなたは身体が自分だと思っている。時には精神が自分だと思うこともある。ほんとうの自分は何者かを知るのは、死ぬときだ。

さて、身体と精神が魂の言うことをどうしても聞かないことがある。そんなときも、あなたの言ったようなシナリオになる。人間にとっていちばんむずかしいのは、自分の魂の言うことを聞くことだ（そうできるひとが、どんなに少ないかわかるだろうか）。

魂はしばしば、身体から去るべきだと決意する。身体と精神──魂のしもべ──がこれを聞き入れて、脱出のプロセスが始まる。ところが、精神（自我）がいやがることがある。要するに死は自我の終わりなのだから。

そこで、精神は身体に指示して死に抵抗しようとする。身体は喜んで従う。身体もまた死にたくはないから。身体と精神（自我）が死に抵抗すると、励まされたり、賞賛されたりする。魂が肉体というかたちをとって生きている世界では、身体と精神の戦略は支持される。

このとき、魂がどれほど立ち去りたがっているかで、すべてが決まる。それほど急いでいない場合には、魂は言うだろう。「よろしい。きみたちの勝ちだ。もう少し、きみたちと一緒にいよう」。だが、とどまることはもっと高い目的に役立たない──この身体を通じてはもう発達できない──と見きわめているときには、魂は去ろうとする。そのときは引き止めることは何者にもできないし、引き止めようとすべきではない。

発達進化することが魂の目的であることははっきりしている。それが唯一、「魂の目的」である。身体が何を達成するか、精神がどう展開するかはどうでもいい。魂にとっては無意味だ。

また、身体を去ることは、魂にとってはべつに悲劇ではない。いろいろな意味で、身体にとどまるほうが悲劇だ。だから、魂はまったくべつの見方で死を見ている。それを理解しなくてはいけない。もちろん、「生きること」も違う目で見ている。それが、人生で感じる欲求不満や不安の大きな原因になる。欲求不満や不安は、魂の言うことに耳を傾けないから起こる。

でも、どうすれば自分の魂の声に耳を傾けられるのですか？　魂がほんとうのボスだとして、どうすればこれがボスからの指示だと確信できるのですか？

まず、魂が何を追求しているのかを、はっきりと知ることだ——そして、それについて批判するのをやめること。

わたしが、自分の魂を批判しているんですか？

いつも、そうだ。死を望む自分を批判すると教えたばかりではないか。それに、生を望み、ほんとうに生きたがっている自分をも批判する。笑いたがり、泣きたがり、勝ちたがり、負けたがる自分も――喜びと愛を経験したがる自分も批判している。とくに、喜びと愛を求める自分を批判する。

わたしが？

あなたはどこかで、喜びを拒絶することが神々しいと思いこんだ。人生を喜び、ほめたたえることは、きよらかなことではないと思っている。喜びを拒絶することが神の意思にかなうと自分に言い聞かせている。

それが悪いことだとおっしゃるんですか？

良いことでも、悪いことでもない。ただ、喜びを拒絶していると言っただけだ。拒絶して良い気持ちになるなら、あなたの世界ではそれは善で、いやな気持ちになるのなら、悪だ。ところがたいていは、自分でもどちらかわかっていない。あなたがたがあれやこれやを拒絶せよと自分に言うのは、そうすべきだと頭から思いこんでいるからだ。そこで、拒絶するのが善であると言う。それから、どうして良い気持ちにならないのかといぶかる。まず自分自身を批判するのをやめなさい。何が魂の望みかを知って、それに従いなさい。魂とともに行きなさい。

魂が追求しているのは——想像しうる限りの最高の愛の感情だ。これが魂の欲求、目的だ。魂は感じようとしている。愛を知ろうとしているのではなく、感じようとしている。最高の感情は「すべてである」存在と合体する経験だ。それは真実へとかえることであり、魂が切望しているその真実が、完璧な愛である。

完璧な愛とは色のなかの完璧な白のようなものだ。多くのひとは白とは色がないことだと考えているが、そうではない。あらゆる色を含んでいるのが白だ。白は存在するあらゆる色が合体したものだ。

だから、愛とは感情——憎しみ、怒り、情欲、嫉妬、羨望《せんぼう》など——がないことではなく、あらゆる感情の総和だ。あらゆるものの集合、すべてである。

だから、魂が完璧な愛を経験するには、「人間のあらゆる感情」を経験しなければならない。

自分が理解できないことに、共感できるだろうか。自分が経験しなかったことについて、他人を許せるだろうか？　そう考えれば、魂の旅がどんなに単純で、しかもすごいものかがわかるだろう。そこでようやく、魂が何をめざしているかが理解できるはずだ。

**人間の魂の目的はすべてを経験すること、それによってすべてになりえることだ。**

一度も下降したことがなければ、どうして上昇できるだろう？　一度も左になったことがなくて、どうして右になれるだろう？　冷たいということを知らなければ、どうして温かくなれるだろう？　悪を否定していたら、どうして善になれるだろう？　選択肢がなければ魂は何も選べない。魂が偉大さを体験するためには、偉大であるとはどういうことかを知らなければならない。そこで魂は、偉大さは偉大でないところにしか存在しないと気づく。だから、魂は偉大でないものを決して非難しない。それどころか祝福する。そこには自らの一部、別の一部が現れるために必要な一部があるから。

もちろん、魂の使命はわたしたちに偉大さを選ばせること――選ばなかった部分を非難せず、最善の自分を選ぶようにさせることだ。こんな大きな使命を果たすには、いくつもの生涯が必要だ。あなたがたはすぐに批判しようとし、自分が選ばなかったものを祝福しないで、ものごとを「間違っている」とか「悪い」とか「充分ではない」と決めつけたがる。非難するよりも、もっといけないこともある。自分が選ばなかったものを傷つけようとするのだ。破壊しようとする。自分が賛成できない人間や場所やものごとがあれば、攻撃する。あなたがたの宗教と対立する宗教があれば、間違っていると言う。自分と違う思想があれば、ばかにする。自分と違う考え方があれば、拒否する。だが、それは間違っている。それでは宇宙の半分しか創造できない。そして、残る半分を拒否していたら、自分の側の半分さえ理解できない。

とても意味深長なお話を、ありがとうございます。誰もそんなことは教えてくれなかった。少なくとも、こんなシンプルな言い方では教えてくれませんでした。理解するように努力します。ほんとうです。でも、ちょっとむずかしい部分がある。たとえば、あなたは「正義」を知るために、「悪」を愛さなければならない、そう言っているように思われるんです。それじゃ、悪魔を抱きしめよ、そう言われるんですか？

ほかに、彼を癒す方法があるか？　もちろん、ほんものの悪魔などは存在しない。あなたが使った言葉で答えているだけだ。癒すというのは、すべてを受容し、それから最善を選ぶというプロセスだ。それは理解できるだろうか？　神のほかに何もなければ、神を選択することはできない。

ああ、ちょっと待ってください！　神を選択するというような話じゃなかったでしょう？

最高の感情は完璧な愛だ、そうではないか？

ええ、そうでしょうね。

そして、神の説明として、それ以上のものがあるだろうか？

ないでしょう。

あなたの魂は最高の感情を求めている。完璧な愛を体験したい、完璧な愛でありたいと願っている。魂は完璧な愛であり、自分がそうであることを知っている。だが、「知っている以上のこと」を求めている。完璧な愛を体験している魂になりたがっている。もちろん、あなたがたは神になりたがっている！　ほかに、何をめざしているというのか？

わかりません。自信がないんです。そういうふうには考えたこともなかった。ただ、そういう考えはどこか冒瀆的な感じがするんです。

悪魔のようになりたいと考えるのは冒瀆的でなくて、神のようになりたいと考えると冒瀆的だと言っておびえるのはおかしい――。

ちょっと待ってください！　誰が悪魔になりたいなんて言いました？

あなたがそう言ったではないか！　あなたがたはみんなそうだ！　それどころか、自分が悪魔であると思おうとして、人間は罪のうちに生まれた――生まれながらに罪人《つみびと》である――と教える宗教まで創り出した。あなたがたは神のうちに生まれた、生まれながらにして純粋な神であり、純粋な愛であるとわたしが言えば、否定しようとする。

あなたがたは一生、自分は悪だと自分に言い聞かせている。自分が悪であるだけでなく、自分が欲するものも悪だと考える。セックスは悪、金は悪、喜びは悪、力は悪、豊かなことは悪――何でもかんでも悪だ。あなたがたの宗教のなかには、「踊ることは悪、音楽は悪、人生をたたえて楽しむことは悪」だとまで言うものがある。まもなく、「微笑《ほほえ》むことも悪、笑うことも悪、愛することも悪」だと言いだすだろう。

違う、違うのだ、友よ。あなたがたはよくわかっていないくせに、ひとつだけは確信している。自分と自分が欲するもののほとんどは悪だ、という確信だ。そうやって自分を批判し、自分の使命は向上することだと決意している。

念のために言えば、そんなやり方でもかまわない。いずれにせよ、目的地は同じだ。ただ、もっと早い近道があるんだよ。

近道とは？

いますぐに、自分自身を受け入れ、それを実証すること。イエスはそれをした。それが仏陀の道であり、クリシュナの道、地球上に現れたすべての〈マスター〉の道だ。

そして、すべての〈マスター〉は同じメッセージを送ってきた。あなたもわたしと同じだ。わたしにできることは、あなたにもできる。それ以上のことができる、と。なのに、あなたがたは耳をかさない。もっとむずかしい道、自分は悪魔だと考える道、自分は悪魔だと想像する道を選んだ。

あなたがたは、キリストの道を歩くのはむずかしい、仏陀の教えに従うのはむずかしい、クリシュナの明かりを掲げるのはむずかしい、〈マスター〉になるのはむずかしいと言う。ところが、真の自分を受け入れるよりも否定するほうが、はるかにむずかしいのだよ。

あなたがたは善であり、慈悲であり、同情であり、理解だ。あなたがたは平和であり、喜びであり、光だ。あなたがたは赦しであり、忍耐であり、力であり、勇気であり、苦しいときの援助者であり、悲しいときの慰め手であり、傷ついたときの癒し手であり、迷ったときの教師だ。あなたがたは最も深い智恵と真実、最も偉大な平和と愛だ。あなたがたはそういう者なのだ。そして、たまには、自分がそういう者だと気づくことがあった。

**これからは、いつも、自分はそういう者だと理解していなさい。**

# 4

驚きました！　感動しましたよ！

神が感動させなくて、誰が感動させるのか。地獄の誰かかな？

あなたは、いつもそんな軽口をたたくのですか？

軽口ではない。文字どおりの真実だ、よく読んでごらん。

ああ、わかりました。

そう。だが、わたしが軽口をたたいたってかまわない、そうではないか？

わかりません。神さまというのは、どっちかって言えばまじめな方だと思ってましたから。

頼むから、わたしを堅苦しい枠に閉じこめないでくれ。それに、あなたもそんな枠に閉じこもらないほうがいい。わたしにはすばらしいユーモアのセンスがある。あなたが人生でやってきたことを見ると、あなたにもなかなかユーモアのセンスがあるようだ。だって、時には笑うしかないことをやってきたじゃないか。それはそれでいい。最後にはすべてが正されるとわかっているのだから。

どういう意味ですか？

このゲームに負けることはない、そういうことだ。間違うことはない。それは計画に入っていない。あなたがめざしているところへ行き着かないことはありえない。神があなたの目標で良かったね。**神は大きいから、目標から外れたりはしないよ。**

もちろん、それもすごく心配です。何かの間違いであなたのもとへ行けない、あなたに会えないのではないか、ということがいちばん心配なのですから。

それは「天国へ行けない」という意味か？

そうです。みんな、地獄へ行くのではないかと心配しているんです。

それでは、そこへ行くのではないかと心配だから、まずそこにいようとするわけか。

ふーむ。おもしろい戦略だな。

ほら、また軽口を。

しようがないな。あなたが地獄と言うたびに、わたしはからかいたくなる。

やれやれ、あなたは**コメディアン**なんですね。

ようやく、わかったのかね？　最近、世の中を見ていないな？

それで、質問を思い出しました。あなたはどうして、世界を**修復せず**、地獄に落ちるままにしておくのですか？

あなたはどうして放っておくのか？

わたしには力がないからです。

ばかばかしい。あなたがたには、いまこの瞬間に世界の飢餓を終わらせ、いますぐに病を癒す力が備わっている。

あなたがたの医療専門家が治療を遅らせ、西洋医学以外の医学や治療を認めることを拒否しているのは、「癒し」の職業構造そのものがおびやかされるからだ、と言ったら、どうするかな？　世界の政府は飢餓を終わらせたくないのだと言ったらどうする？　わたしを信じるだろうか？

そのことでは悩みました。人民主義者《ポピュリスト》の見解は知っていますが、しかし真実だとは信じられない。どんな医者だって治癒を否定したくはないですよ。どの国の人間だって同胞が死ぬのを見たくはない。

ひとりひとりの医師はそうだ。ひとりひとりの国民をとればそうだ。だが、医学や政治は制度化されてしまった。その制度が抵抗している。非常に巧妙なやり方のこともあるし、無意識の場合だってあるが、必ず抵抗する……制度の存続がかかっているからだ。単純でわかりやすい例をひとつあげれば、西洋の医師は東洋医学の効能を認めない。認めれば、代替医療で癒されることもあると認めることになり、築きあげてきた西洋医学の制度そのものの構造がゆらぐからだ。

悪意からではないが、しかし狡猾《こうかつ》だ。専門家がそんな態度をとるのは、悪人だからではない。怖いからだ。**すべての攻撃は、助けを呼ぶ悲鳴なのだ。**

そのことは、『奇跡のコース』という本で読みました。

わたしが書かせたのだ。

すごい、あなたには何でもわかっているんですね。

それで思い出した。質問は始まったばかりだった。あなたの人生をどう軌道に乗せるかについて話していたのだ。人生をどう「上向きに」するか。わたしは、創造のプロセスについて語っていた。

そうです。わたしは話のじゃまばかりしていますね。

それはかまわないが、話をもとに戻そう。非常に重要な話だから、糸口を失いたくないだろう。

**人生は創造であって、発見ではない。**あなたがたは、人生に何が用意されているかを発見するために毎日を生きているのではなく、創造するために生きている。自分ではわかっていないだろうが、あなたがたは、一瞬一瞬、自分の現実を創造している。私はくり返し、そう話してきた。

どうしてそうなるのか、どんなふうに創造しているのかをまとめてみよう。

①わたしは神の姿をかたどり、神に似せて、あなたがたを創造した。

②神は創造者だ。

③あなたがたは三つが一体になった存在だ。その三つをどう呼んでもいい。父と子と聖霊でもいいし、精神と身体と霊魂でもいいし、超意識と意識と無意識でもいい。

④創造とはその三つの部分から生ずるプロセスである。言い換えれば、あなたがたの創造には三つの段階がある。創造の道具は思考、言葉、行為だ。

⑤すべての創造は思考から始まる（「父から生じる」）。すべての創造はつぎに言葉になる（「求めなさい、そうすれば与えられるだろう。話しなさい、そうすれば成就するだろ

う」）。すべての創造は行為によって成就される（「言葉はひととなって、わたしたちのあいだに住まわれた」）。

⑥あなたが考えるだけで言葉に出さなくても、ひとつの段階での創造だ。考えて言葉にすれば、もうひとつの段階での創造になる。あなたが考え、語り、行動すると、具体的な現実になる。

⑦ほんとうは信じていないことを考えたり、語ったり、行動したりすることはできない。だから、創造のプロセスには信念、つまり知るということが含まれる。絶対的信頼だ。願うだけでなく、確実にそうなると知っていなければならない（「あなたは信仰によって癒される」）。したがって、創造行為には、つねに知識が含まれる。何かを身体で理解し、まるごと確信する、「完全に受容する」ということだ。

⑧そこまでわかっていれば、強い感謝の気持ちが生まれる。感謝せずにはいられない。それがたぶん、創造の最大の鍵《かぎ》だ。創造が具体化する前に、創造に感謝することだ。願いは当然かなえられると信じることだ。そう信じてもいいどころか、信じたほうがいいのだ。**それこそが悟りの確実なしるしだ。すべての〈マスター〉はあらかじめ、ことが成就すると知っていた。**

⑨あなたが創造するすべて、創造したすべてを祝福し、楽しみなさい。一部でも否定すれば、自分の一部を否定することになる。あなたの創造の一部としてどんなものが現れよ

うとも、それを自分のものとし、祝福し、感謝しなさい。非難しないように努めなさい（「非難するなんて、とんでもないことだ」）。非難するのは、自分を非難することだからだ。

⑩自分が創造したなかで、楽しめず、祝福できないものがあったら、選びなおしなさい。新しい現実を呼び出しなさい。新しいことを考え、新しい言葉を口にし、新しいことをしなさい。立派にやりなおせば、世界はあなたについてくるだろう。「わたしが生命であり、道だ。ついてきなさい」と言いなさい。

これが神の意思を「天国と同じく、地上にも」実現させる方法だ。

そんなに簡単で、必要なのがその一〇項目だけなら、誰でもそうしているはずじゃないんですか？

もうみんな、そうしているんだよ。この「システム」がよくわかっていて、意識的に実行している者もあるし、自分が何をしているか知らずに無意識に行っている者もいる。あなたがたの一部は目覚めて歩いているし、一部は眠りながら歩いている。だが、誰もが、わたしが与えた力、わたしがいま説明したプロセスを使って、自分の現実を創造している。発見しているのではなく、創造しているのだ。あなたは人生がいつ「上向く」のかとたずね、わたしは答えてきた。

人生を「上向かせる」には、まず人生についての考えを明確にしなければならない。どうなりたいのか、何をしたいか、何が欲しいのか、よく考えなさい。はっきりするまで、考えなさい。そして、はっきりしたら、今度はほかのことは考えず、ほかの可能性を想像しないことだ。

否定的な考えは頭から追い出しなさい。悲観主義を一掃しなさい。疑いを捨てなさい。不安を拒否しなさい。最初の創造的な考えをしっかりつかんで放さないように心を鍛えなさい。

あなたの考えがはっきりした確かなものになったら、それを真実として語りなさい。はっきりと声に出しなさい。創造の力を呼び出す偉大な号令を使いなさい。「これがわたしである」という号令を。

ほかのひとに、「これがわたしである」と宣言しなさい。「これがわたしである」というのは、宇宙で最も力強い宣言だ。あなたが何を考え、何を語るにしても、「これがわたしである」という言葉をきっかけにものごとが動き、体験できるようになる。

宇宙が動く仕組みはそれだけだ。ほかに道はない。宇宙は「これがわたしである」という言葉に応える。瓶から現れる魔法使いが指示に従うように。

まるで、「そこのパンをとりなさい」と言うように簡単に、「疑いを捨てなさい。不安を拒絶しなさい。悲観主義を一掃しなさい」とおっしゃる。

だが、言うは易《やす》く、行うは難《かた》しです。「否定的な考えは頭から追い出しなさい」というのは、「エヴェレストに登りなさい——昼飯までに」と言うようなものです。ちょっと大変な命令ですよ。

自分の考えにた・が・をはめ、コントロールすることは、それほどむずかしくはない（エヴェレストに登ることだってそうだが）。すべては鍛錬の問題だ。意思の問題だ。

第一段階は、自分の考えを見張ること。自分は何を考えているのだろうと考える習慣をつけることだ。

否定的なことを考えているのに気づいたら——高い思想を否定するようなことを考えていたら——考えなおしなさい！　わたしの言葉どおりにしなさい。ふさいだり、落ちこんだりしていると思ったら、そしてそんなことをしていても何にもならないと思ったら、考えなおしなさい。世界はいやなところだ、いやな出来事だらけだと思ったら、考えなおしなさい。人生はめちゃくちゃだ、もうだめだと思ったら、考えなおしなさい！）。

自分を訓練することは可能だ（いままでは、逆の訓練をしてきたではないか、そこを考えなさい！）。

ありがとう。こんなにはっきりと説明してもらったことはなかった。言葉で言うほど、実行も簡単だといいんですが。でも、とにかくよくわかりました。

やりなおしたいと思うのなら、人生は何度でもあるから。

# 5

真の神への道とは何ですか？　一部の行者《ぎょうじゃ》（ヨギ）が信じているように、禁欲と克己《こっき》ですか？　苦行と呼ばれるものはどうなのですか？　精神的な美だけを追求するひとが言うように、苦しむこと、奉仕することが神への道なんですか？　多くの宗教が教えているように「善であること」によって、天国への道を獲得できるのですか？　それとも、ニューエイジの考え方をするひとたちが言うように好きなように行動し、ルールを犯したり無視したりし、伝統的な教えをはらいのけ、気ままに自由に行動していれば、ニルヴァーナ（涅槃《ねはん》）が発見できるんでしょうか。いったいどちらなのでしょう？　厳格な倫理的基準に従うべきか、好きなようにすればいいのか。どちらなんですか？　伝統的な価値観を守るべきなのか、自分で行動しながら価値観を創りあげていくべきなのか？　どちらなんでしょう？　十戒を守るべきか、悟りへの七つのステップを踏むべきか、いったいどちらなのですか？

あなたはどうしても方法がひとつでないと気がすまないらしい、そうではないか……？　いずれも、ということではいけないのだろうか？

わかりません。こちらがお聞きしたいんですから。

では、できるだけ理解しやすく答えよう――ただし言っておくが、答えはあなたの内側にあるのだよ。この言葉は、わたしの言うことを聞き、わたしの真実を求めるすべてのひとにあてはまる。

真剣に考えれば、誰でも神への道はわかる。誰でも心からの真実を見いだせる。精神の旅を通じてではなく、あなたの心の道を通ってわたしのところへきなさい。精神では、決してわたしは見つからない。

**ほんとうに神を知るためには、精神から脱する必要がある。**

だが、あなたは答えを求めている。真剣な問いをはぐらかすのはやめよう。まず、あなたがきっと驚くこと、そして、多くのひとの感性を逆なでするような宣言から始めよう。**十戒などというものはない。**

まさか。十戒がないのですか？

そのとおり。ない。わたしが誰に戒律をまもれと命ずるというのか？　わたし自身に？　それに、そんな戒律がどうして必要なのか？　わたしが欲するものは何でも存在する、そう言ったではないか？　それなら、どうして誰かに戒律をまもれと命ずる必要があるのか？

それに、もしわたしが戒律を課すなら、当然まもられるはずではないか？　どうしても命令したいと思ったくせに、命令がまもられるかどうか、なりゆきを見ているなんて、おかしくはないか？

どんな王様だって支配者だって、そんなことはしないだろう。

ただし、わたしは王でも支配者でもない。わたしはシンプルな――そして畏怖《いふ》すべき――創造者だ。創造者は支配せず、ただ創造し、創造する――創造しつづける。

わたしは自分の姿をかたどり、自分に似せてあなたがたを創造し――祝福した。そして、あることを約束し、言質《げんち》を与えた。前にも話したように、あなたがたがわたしとひとつになる時がきたときはどうなるか、という約束だ。

あなたはモーセと同じように真剣な求道者《ぐどう》だ。モーセもいまのあなたのように、わたしの前に立ち、答えを乞うた。「父なる神よ」と彼は叫んだ。「わが神なる神よ、どうかわたしに示したまえ。しるしを与えたまえ、わたしがわが民に語ってやれるように！　われわれが選ばれたのだということを、どうすれば知ることができるのか？」。

そこでわたしはモーセの前に聖なる約束をたずさえて現れた。いま、こうしてあなたの前に現れているように。永遠の約束——ある確かな言質だ。「どうすれば、わたしは確信できるでしょう?」、モーセは悲しげにたずねた。「なぜなら、わたしがそう言うからである」とわたしは言った。「あなたは神の言葉を聞いている」。

神の言葉は戒律ではなく、約束だ。したがって、これは……「言質」である。

あなたがたは神への道をたどっていることを知るだろう。そして、神を見いだしていることを知るだろう。なぜならつぎのようなしるし、兆し、変化があなたがたのなかに起こるからである。
①あなたがたは心のすべて、精神のすべて、魂のすべてをあげて神を愛する。わたしをおいて、わたしのほかに神はない。あなたがたはもはや人間の愛も、成功も、金も、力も、いかなるシンボルも崇拝しない。あなたがたは、子供が玩具《がんぐ》をわきへ押しやるように、それらを押しのける。それらに価値がないからではなく、あなたがたが成長して、それらを「卒業した」からだ。
そして、あなたがたは神への道をたどってきたことを知る。なぜなら、
②あなたがたはみだりに神の名を使わない。また、つまらないことで、わたしを呼ばない。あなたがたは言葉の力、考えの力を理解する。神にふさわしくない方法で神の名を口にしようとは考えない。なぜなら、そんなことはできないからである。わたしの名——

「これがわたしである」という偉大な言葉――は、決してみだりには使われない（したがって、使われれば必ず影響がある）し、みだりに使われることはありえない。神を見いだしたとき、あなたがたはこのことを悟る。

あなたがたには、ほかのしるしも与えよう。

③あなたがたは一日をわたしのためにとっておき、この日を聖なる日と呼ぶ。そうすれば、その日には自分の幻想から醒《さ》めて、自分が何者であるかを思い出すことができるから。そして、まもなくすべての日を安息日《サバト》と呼ぶようになり、どの瞬間も聖なるものとなる。

④あなたがたは母と父を敬愛する。そして、言うこと、為すこと、考えることのすべてにおいて父／母なる神を敬愛するとき、自分が神の息子であることを知る。そして、母／父なる神を敬愛し、地上の父と母を敬愛すれば（あなたは生命をもらったのだから）、すべてのひとを敬愛するようになる。

⑤殺生《せっしょう》を（理由もなく、意図的に）しないとき、あなたがたは神を見いだしたことを知る。どのような場合においても、ほかの生命を奪えない（すべての生命は永遠である）ことを理解するとともに、神聖で正当な理由がなければ、輪廻の一時期にある生命を壊しはせず、生命エネルギーの形態を変化させもしない。あらためて生命を尊敬するようになれば、植物、動物を含むあらゆるかたちの生命を敬愛し、最高の目的にかなっているときだけ、生命体に影響を及ぼすようになる。

さらに、あなたがたが神への道をたどっていると知ることができるよう、つぎのようなべつのしるしもあなたがたに送ろう。

⑥あなたがたは不誠実や欺瞞《ぎまん》によって愛の純粋さをけがさない。それは不義だから。神を見いだしたとき、あなたがたはそのような不義を犯さないと、わたしは約束する。

⑦あなたがたは自分の所有物でないものはとらず、何ものにせよ所有するためにだましたりせず、見て見ぬふりをせず、他者を傷つけない。それは盗みだからである。神を見いだしたとき、あなたがたが盗みをしないことを、わたしは約束する。

さらに、あなたがたは……、

⑧真実でないことを口にせず、したがって偽りの証言をしない。

⑨隣人の配偶者を欲しない。他者はすべて自分の配偶者であることを知っているとき、なぜ隣人の配偶者を欲しなければならないのか？

⑩隣人の財物を欲しない。すべての財物は自分のものとなりえること、あなたのすべての財物は世界のものであることを知っているとき、なぜ隣人の財物を欲しなければならないのか？

これらのしるしが生じたとき、あなたがたは神への道を見いだしたことを知るだろう。まじめに一生懸命に神を求める者なら、ここで否定されていることをしないと、わたしが約束するからだ。そうしたふるまいを続けることは不可能になるはずである。

これは制約ではなく、あなたがたの「自由」だ。これは、わたしの戒律ではなく、わたしの「言質」である。神は、神が創り出したものに対して命令をすることはない。神は神の子に語りかけるだけだ。それによって、あなたがたはわが家へ帰ろうとしていることを知るだろう。

モーセは熱心にたずねた――「わたしはどのようにして、知ることができるのですか？わたしにしるしをお与えください」。モーセはいまのあなたと同じことをたずねた。時が始まって以来、誰もがあらゆるところで、同じ質問をしてきた。わたしの答えもまた、永遠である。だが、決して戒律であったことはないし、これからもない。わたしが誰に戒律をまもれと命じるのか？　わたしの戒律がまもられなかったからといって、誰を罰するのか。在るのはわたしだけだ。

それでは、わたしは天国へ行くために、十戒をまもる必要はないんですね。

「天国へ行く」のではない。自分がすでに天国にいると気づくだけだ。受容と理解があるだけで、そのための努力や闘いがあるのではない。

あなたは、すでにいる場所に行くことはできない。そのためには、いまいるところを離れなければならないし、そんな旅は無意味だ。

皮肉なことに、ほとんどのひとは、行きたいところへ行くためには自分がいるところを離れなければならないと考えている。そこで、彼らは天国に行くために天国を離れる――そして、地獄を通る。

**悟りとは、行くべきところもすべきこともないし、いまの自分以外の何者にもなる必要もないと理解することである。**

あなたがたはどこかへ向かう旅をしているのではない。

あなたが言うような天国はどこにもない。どこにもないという意味の nowhere の w と h のあいだをあけてみよう。そうすれば、あなたがたは天国をいま（now）……ここ（here）に見るだろう。

よく、そう言いますね！　おおぜいのひとがそう言っていますよ！　だが、聞いていると頭がおかしくなりそうだ！「天国はいまここにある」のなら、なぜわたしにはそれが見えないんですか？　どうして、それを感じられないんですか？　どうして、世界はこんなにめちゃくちゃなんですか？

あなたのいらだちはよくわかる。こういうことを理解しようと努力するのは、誰かにそれを理解させようとするのと同じくらいいらだたしいだろう。

おやおや！　ちょっと待ってくださいよ！　神さまもいらだつんですか？

誰がいらだちを創り出したのだと思うのかね？　あなたは、わたしには経験できないことが自分には経験できると思っているのかな？

このことを言っておこう。あなたのすべての経験は、わたしにもある。わたしがあなたを通して自分を経験しているのだということが、わからないか？　いったい、何のためだと思っているのかな？

わたしはあなたがたを通してでなければ、自分自身を知ることができなかったと言ったはずだ。わたしが何者であるかを知ろうとしてあなたがたを創造したのだ。

だが、たった一章でわたしについての幻想のすべてを打ちくだくことはすまい。そこで、わたしの最も崇高なかたち、あなたがたが神と呼ぶかたちにおいては、わたしはいらだちを経験しないと言おう。

やれやれ！　それではほっとしました。お話を聞いていると、ときどきぎょっとします。

だが、それはわたしに経験できないからではない。単に、わたしが選択しないだけだ。ところで、あなたがたも同じ選択をすることができるのだよ。

そうですか。いらだっていようといまいと、とにかく、わたしには天国がいま、ここにありえるのかどうか疑問ですし、天国を経験したこともありません。

知らないことは経験できない。そして、あなたはいま、ここで「天国」を経験していないから、それを知らない。悪循環だ。知らないことは経験できない——その術をまだ見いだしていない——し、経験できないことは知ることができない。

**悟りとは、経験していないことを知ること、それによって経験するということだ。知ることによって経験への扉が開かれる——そして、たぶんわかっているだろうが、逆もまた真である。**

実際には、あなたがたは経験しているよりずっと大きなことを知っている。ただ、自分が知っていることを知らないだけなのだ。

たとえば、あなたがたは神がいることを知っている。だが、それを知っていることを知らないかもしれない。そこで、あなたがたは経験を待ってうろうろしつづける。ところがその間ずっと、経験しているのだ。しかし、そうとは知らずに経験している。それではぜんぜん経験していないのと同じだ。

しかし、それじゃ堂どうめぐりじゃないですか。

そのとおり。堂どうめぐりをしているというより、わたしたちはめぐる輪そのものかもしれない。これは必ずしも悪い輪ではない。崇高な輪でもありうる。

ほんとうの精神生活では、欲望や自我を捨てなければならないのですか?

そのとおり。なぜなら、つきつめればあらゆる魂は真実でないものを捨てるし、あなたが送っている人生での真実とは、わたしとの関係だけだから。しかし、**昔から言われてきたような自己否定が求められているわけではない。**〈真のマスター〉は何かを「あきらめ」たりしない。無用なものを遠ざけるだけだ。欲望を克服しなければならないと教えるひとがいる。だが、わたしは、ただ欲望を変えなさいと言う。はじめて実行するときは厳しい修行だと感じるかもしれないが、二度めは楽しい実践になるだろう。

神を知るためには、あらゆる現世的な情熱を克服しなければならないと教えるひとがいる。だが、そうではない。現世的な情熱を理解し、受け入れるだけで充分だ。**抵抗すれば、相手はかえって強くなる。見つめれば、相手は消える。**

現世的な情熱を真剣に克服しようとする者は、一生懸命に努力するあまりに、その努力自体が情熱になってしまう。彼らは「神を求める情熱」をいだくようになる。神を知ろうとする情熱だ。しかし、情熱には違いない。ひとつの情熱をべつの情熱にかえても、克服したことにはならない。

だから、自分が情熱を感じるものを批判しないこと。ただ、それに気づき、どんな自分になりたいかを考えたとき、なりたい自分になるのに役立つかどうかを見きわめなさい。

覚えておかなければならないのは、あなたがつねに自分を創造しつづけている存在であることだ。それは主として、自分が情熱を感じるひとやものに関する選択を通じて行われる。

精神的な道を歩んでいるひとは、現世的な情熱、人間的な欲望をすべて捨てているように見える。じつはそうではなく、情熱や欲望を理解し、幻想を見きわめ、自分のためにならない情熱を遠ざけているのだ。そのいっぽうでは幻想を愛してもいる。幻想は完全に自由になるチャンスでもあるからだ。

情熱とは、「こう在る」ということから「行為」への転換を愛することである。情熱は創造というエンジンの燃料である。情熱は思いを経験に変える。

情熱はほんとうのわたしたちを表現したいという思いを駆りたてる火である。決して情熱を否定してはいけない。否定すればあなたが何者であるか、ほんとうは何者になりたいかを否定することになる。

悟りとは情熱を否定することではない。結果への執着を否定することだ。情熱は行為への愛である。行為は「ある在り方」を経験することだ。それで、行為の一環として何が生まれるか？　期待だ。
期待なしに人生を生きること――具体的な結果を必要とせずに生きること――これが自由である。これが神性である。これが、わたしの生き方である。

あなたは結果に執着しないのですか？

決して執着しない。わたしの喜びは創造にあるのであって、その結果にはない。悟るとは行為を否定しようと決意することではなく、行為の結果には意味がないと理解することである。この二つには、大きな違いがある。

「情熱とは、『こう在る』ということから『行為』への転換を愛することである」という言葉を、もう少し説明していただけますか？

在るというのは、存在の最高の状態である。純粋なエッセンスである。それは「現在であって／現在でない」「すべてであって／すべてでない」「常在であって／無である」という神の側面である。

純粋に「在る」とは、純粋に神であることだ。

だが、わたしたちは単に在るだけでは決して満足できない。つねに、経験を求める。自分が何であるかを経験したい。それには神性のまったくべつの状態が必要となる。行為だ。あなたがたの核心は愛と呼ばれる神性の状態である(ちなみに、これがあなたがたの真実である)。

ところが、愛であることと、愛することとはまったくべつのことがらである。**魂は経験によって自分を知るために、何かをしたいと願う。魂は行為を通じて最高の考えを実現しようとする。**

何かをしたいという衝動は情熱と呼ばれる。情熱を殺せば、神を殺すことになる。情熱とは「やあ、こんにちは」と言いたがっている神である。

だが、神が(あるいはあなたがたのなかの神が)愛すれば、神自身はそれで実現されるから、それ以上は何も必要がない。それはわかるだろう。

いっぽう、人間は投資には見返りが必要だと感じる。誰かを愛するのはいいのだが、相手からも愛が返ってきてほしいと思う。そう考える。

これは「情熱」ではない。「期待」である。

これが人間の不幸の最大の原因である。それが神と人間の違いである。

悟りとは、東洋の神秘主義者がサマディ(三昧《ざんまい》)と呼ぶ体験を通じて、この違いを克服しようとすることである。つまり、心を開いて神と一体になること、神性と融合し、神性のなかに溶けこむことだ。

したがって悟りとは結果を放棄することである。決して情熱を放棄することではない。それどころか〈マスター〉は直感的に、情熱こそ神への道であることを知っている。情熱は自己実現への道である。

現世的な意味でも、まったく情熱をもっていなければ、生きているとは言えないだろう。


あなたは「抵抗すれば、相手はかえって強くなるが、見つめれば、相手は消える」とおっしゃいましたが、そのことを説明してもらえますか？


現実だと感じないものに抵抗することはできない。抵抗するということは、相手に生命を付与することだ。エネルギーに抵抗すれば、エネルギーをそこに発生させることになる。抵抗すればするほど、相手は実体をもつ。何に抵抗しても、これは同じことだ。

目を開いて見つめれば、相手は消える。**相手は幻想という実体をさらけ出す。**

あなたが何かを見つめれば——ほんとうに見つめれば——相手を見透かし、それが幻であると見抜くから、究極の現実以外は何も残らない。究極の現実の前には、小さな幻想など何の力もない。相手は弱くなった手であなたをとらえておくことができなくなる。あなたは相手の「真実」を見きわめ、それによって自由になる。

それでは、見つめる相手に消えてもらいたく**ない**としたら、どうなるのですか？

あなたはつねに相手が消えることを望むはずだ！　現実には、相手にしがみつく必要はまったくない。それでも究極の現実よりも幻想のほうを選ぶなら、幻想がふたたび現実に見せかけた姿で生まれてくるだけだ。最初の時と同じに。こうして、あなたはもとうと選択したものを手に入れ、経験したくないと思ったものは人生からとり除くだろう。

だが、決して抵抗しないことだ。抵抗すれば、相手を滅ぼせると考えているなら、考えなおしなさい。相手はますます力強く居座ってしまう。**すべての思考は創造につながる、と前にも言ったと思うが？**

これは欲しくない、という考えでも、ですか？

欲しくないのなら、なぜ、考えるのか？　いつまでも考えているのはやめなさい。だが、どうしても考えたいなら——考えずにはいられないのなら——抵抗しないことだ。それよりも、率直に相手を見つめ——あなたが生み出した現実を受け入れ——それからそれをとっておくか、捨てるか、好きなほうを選びなさい。

その選択の基準は何ですか？

自分が何者だと思うか。そして、何者になりたいと思うか。これがすべての選択の基準である——これまでも、これからも、すべての人生の選択基準である。

それでは欲望や自我を拒否するという生き方は、間違った道なんですね？

真実ではない。「拒否」という言葉は、間違った意味をもっている。拒否しても、実際には何も捨てられない。説明してきたとおり、抵抗すれば相手はますます強くなるからだ。真の悟りとは捨てることではなく、違う選択をすることだ。何かから離れる行為ではなく、何かに向かう行為である。

あなたは何かから離れることはできない。相手は地獄までもあなたについてくる。それならば、どんな誘惑にも抵抗しないことだ。ただ、そこから顔をそむけなさい。わたしのほうへ顔を向けなさい、わたしに似ていないすべてのものから顔をそむけなさい。

ただし、間違った道というものはない。この旅は、目的地に「行き着かない」旅ではありえないから。違うのは、いつそこに着くかというだけである。しかも、これさえもほんとうは幻想だ。

「いつ」ということはないし、「その前」も「その後」もない。つねに現在があるだけだ。あなたが自分を経験しつづける永遠の時があるだけだ。

それじゃ、何の意味があるんですか？「行き着かない」ことがありえないとしたら、人生には何の意味があるんですか？ どうしてわたしたちは、何をするにも心配しなければならないんですか？

もちろん、心配などする必要はない。ただじっと見つめていればいい。自分は何者であるか、何をしているか、何をもっているか、それが自分のためになるかに気づけばいい。**人生の意味とは、どこかに行き着くことではない——自分がすでに、そこにいること、これまでもずっとそこにいたし、いつもいると気づくことである。あなたがたはいまもこれからもつねに、純粋な創造の過程にある。人生の意味とは創造である。自分を創造し、それを経験することである。**

# 6

それじゃ、苦しみは何のためにあるのですか？　苦行《くぎょう》は神への道ではないんですか？　ひとによっては、それだけが唯一の道だと言いますが。

わたしは苦しみを喜ばない。喜ぶという者がいれば、そのひとはわたしを知らないのだ。苦しみは、人間経験に不必要な要素だ。不必要であるだけでなく、賢明でないし、心地よくないし、身体にも悪い。

それでは、なぜこんなに苦しみがあるんでしょうか？　どうしてあなたは、あなたが神だとしてですが、苦しみを嫌っているのに、苦しみに終止符を打ってくれないのですか？

わたしは終止符を打った。わたしが与えた道具を使って苦しみを終わらせるのを、あなたがたが拒んでいるだけだ。

いいか、苦しみは出来事とは何の関係もない。出来事に対する反応のなかにあるだけだ。**出来事はただ起こっているだけだ。それをあなたがたがどう感じるかは、またべつの問題だ。**
わたしはあなたがたに、痛みを減らす――それどころか、なくしてしまう――やり方で反応する道具を与えたのに、あなたがたはそれを使ってこなかった。

すみませんけれど、どうして**出来事**のほうをなくしてはくれないんですか？

非常にいい質問だ。残念ながら、それはわたしにはコントロールできない。

あなたは**出来事をコントロールできない**んですか？

もちろん、できない。出来事は、あなたが選択して創り出した時間と空間のなかで起こる――わたしはその選択に決して介入しない。そんなことをしたら、あなたがたを創造した意味がなくなってしまう。だが、このことはすでに説明した。
あなたがたはある出来事を意図的に創り出し、ある出来事を――意識的、無意識的に――引き寄せている。出来事によっては――大きな天災もこのなかに入るが――「運命」として片づけられるものもある。

その「運命（fate）」ですら、「遍在するすべての考えから（from all thoughts everywhere）」という言葉の頭文字になる。**言い換えれば、地球という星の意識から生まれる。**

「集合的意識」ですか。

そのとおり。

世界は猛スピードで破綻《はたん》に向かっていると言うひとがいます。わたしたちの生態系は死にかけている。地球では規模の大きな自然災害が起こりつつある。地震。火山の噴火。地軸の傾きでさえ、災厄かもしれない。また、集合的意識によってすべてを変えられる、思考によって地球を救うことができると言うひともいます。

思考が行動になれば救える。あらゆるところでおおぜいのひとたちが、環境を救うために何かをしなくてはいけないと信じるようになれば、地球を救える。だが、急がなければいけない。長いあいだに、すでに大きな被害が起こっている。世界を救うためには、非常に大きな姿勢の転換が必要だろう。

ということは急がないと地球が――そして地球の生命たちが――破壊されるということですか？

わたしが創った物理的な宇宙の法則は、誰にでも理解できる。科学者や物理学者は、原因と結果の法則をよく知っているし、彼らを通じて、世界の指導者も知っている。その法則を、いまここで説明する必要もないだろう。

苦しみの話に戻りますが――わたしたちはいったいどこで、苦しみは善であると考えはじめたのでしょうか？　「黙って苦しむ」ことがきよらかなことだと、いつから考えたのでしょう？

信心深いひとは「黙って苦しむ」が、だからといって、苦しみが善だというわけではない。〈マスター〉の弟子たちは黙って苦しむが、それにはわけがある。彼らは苦しみが神への道だというわけではないが、神への道をたどるにはまだ学ばなければならないことや、思い出さなければならないことがあるから苦しむのだとわかっている。〈真のマスター〉は決して黙って苦しんでいるのではない。そう見えるだけだ。〈真のマスター〉が黙っているのは、苦しんでいないからだ。彼らは苦しみと呼ぶ状況を経験しているだけだ。

実践している〈マスター〉が苦しみについて語らないのは、言葉の力をはっきりと理解しているからだ。したがって、語らないことを選んでいるのだ。

わたしたちは、関心を向けることで、対象を実在させる。〈マスター〉はこのことを知っている。〈マスター〉は何を実在させるかを選ぼうとする。

誰でも、ときおりは同じことをしている。自分の気持ちしだいで頭痛が消えたり、歯の治療の痛みが減ったりした経験のないひとはいないだろう。

〈マスター〉もこれと同じで、もっと大きなことがらについても同じことをしているだけだ。

でも、どうして苦しみなんてものがあるのでしょうか？　どうして、苦しみが存在する可能性がなければならないんですか？

すでに説明したように、自分でないものの存在なしには、自分が何かを知ることができず、真の自分になれないからだ。

しかし、人間はどうして苦しみが善だと思いついたのか、やっぱり理解できません。

なかなかがんばるではないか。黙って苦しむことについての最初の智恵があまりに誤解されてしまったので、おおぜいのひとが、苦しみは善で、喜びは悪だと信じるようになった（そう教える宗教もある）。だから、ガンになっても黙って耐えていれば、彼は聖人だと考え、（強烈な例をあげれば）性的に奔放《ほんぽう》で、おおっぴらにセックスを楽しんでいれば、彼女は罪人だと考える。

これはまた、強烈な例ですね。そして、彼と彼女という代名詞を使い分けられましたね。それは、意味をはっきりさせるためですか？

あなたがたの偏見をはっきりさせるためだ。あなたがたは、女性が性的に奔放であることを好まない。まして、おおっぴらに楽しむことを嫌う。**あなたがたは、戦場で男がめそめそしながら死ぬのを見るほうが、女性が街頭でセックスして声をあげるのを見るよりはましだと考えているのだろう。**

あなたはそうじゃないんですか？

わたしは、どちらがましか、判断しない。あなたがたがそういう判断をし、その判断があなたがたを喜びから遠ざけ、期待があなたがたを不幸にしているのではないか、と言っている。

こうしたすべてがあいまって、あなたがたは病（dis-ease）になる、つまり、安らか（ease）でなくなり、そこから苦しみが始まる。

あなたがおっしゃることが真実だと、どうしてわかりますか？　あなたが神だということが、わたしの想像力の暴走でないということですら、どうすればわかるんですか？

あなたは前にもそれをたずねた。わたしの答えは同じだ。どちらであろうと、違いがあるのか？　わたしが言ったことすべてが「間違って」いたとしても、もっと良い生き方を考えられるのか？

いいえ。

それでは、「間違い」が正しいのであり、「正しい」ほうが間違いじゃないか！

……あなたがジレンマに陥らないよう、言っておこう。わたしの言うことを信じるな。ただ、そのとおりに生きてごらん。経験してごらん。それから、何でもいいから、ほかの生き方をしてみなさい。そのあとに、経験を見つめて真実を探しなさい。

いつか、大きな勇気があれば、あなたは戦争をするよりも、愛のほうがいいという世界を経験するだろう。その日、あなたは歓喜に包まれるだろう。

# 7

人生はとても恐ろしい。混乱しています。もっとものごとがはっきりしてくれれば、と思うんです。

人生には恐ろしいことは何もない。あなたが結果に執着しなければ。

つまり、何も欲しがらなければということですか？

そのとおり。選びなさい。だが、欲しがるのはやめなさい。

扶養すべき者が誰もいないひとなら簡単ですがね。妻や子供がいたら、どうすればいいんですか？

家庭人の道はつねに厳しい。最も厳しいかもしれない。あなたが指摘したように、自分ひとりなら、「何も欲しがらない」のは簡単だ。だが愛する者がいれば、彼らに最善を望むのは自然なことだ。

家族にああもこうもしてやりたいと思いながら、それができないのはつらいんです。良い家、ちゃんとした衣服、充分な食べ物。わたしは生活のためだけに、二〇年も苦労してきたような気がします。そして、いまだに見るべきものが何もないのです。

物質的な富という意味か?

男が子供にのこしてやりたいと思う最低限のものです。妻に与えたいと思うごく質素なものです。

わかる。あなたはそういうものすべてを与えることが、人生の仕事だと考えている。あなたの人生はそのためにあると思っているのか?

そういう言い方をしていいかどうか、わかりません。そのために人生があるわけではないでしょうが、少なくとも副産物として、そういうことが実現すればすてきでしょう。

それでは、ちょっと戻ろうか。あなたの人生は何のためにあると思う？

良い質問ですね。何年も考えてきましたが、答えはいろいろでしたよ。

いまの答えは？

答えは二つあるように思います。**そうありたい**という答えと、いま考えている答えと。

**そうありたい**という答えは？

自分の人生が魂の発達のためにあればいいと思います。自分のなかで最も愛する部分を表現し、経験する人生であればいいと思います。ひとに共感し、忍耐し、与え、助けるという部分です。知識があり、賢明で、優しく、そして……愛する部分です。

まるで、この本をもう読み終わったような答えだな！

そう、魂の修養という面では、これはとても美しい本ですね。でも、わたしは「現実にどう応用すればいいのか」を知りたいんです。さきほどの質問の答えですが、わたしが人生で実現したいのは、とにかく毎日生きていくことなんです。

すると、あなたはその二つが両立しないと考えている？

さあ……。

魂の修養に励んでいたのでは、毎日、生きていけないと考えているのか？

ほんとうのことを言えば、生きているだけでは足りないんです。これまでだって、生きてはきました。こうやって生きてますから。だが、生きるための苦労は**終わりにしたい。**いまも毎日をしのぐだけで大変な苦労です。わたしは、ただ生きるだけではなく、**楽に暮らしたいんです。**

楽に暮らすとは、どういうことだと思う？

つぎにどこから収入を得られるだろうと心配しないでもすむ余裕があることです。家賃や電話料金を払うのに四苦八苦しなくていいのは、もちろんです。つまり、あんまり俗っぽくていやなんですが、**現実の生活**のことですからね。あなたがこの本で描いているおとぎ話のような、魂の世界のような、ロマンティックな人生ではなくて。

どうも、あなたは怒っているようだが?

怒りというより、いらだちです。わたしは二〇年もこの魂のゲームをやってきましたが、いまのざまを見てください。給料の小切手を一回もらえなければ救貧院行きですよ! しかも、先日失業したばかりで、また収入がとだえそうなんです。もう、こんな苦労にはうんざりしました。わたしはいま四九歳です。生活を少しは安定させ、「神さまのこと」とか、魂の「発達」にもっと時間を割けるようになりたいんです。わたしの気持ちはそういうところにあるけれど、生活があるからそれができない……。

なかなか、うがったことを言う。たぶん同じ経験をしたおおぜいのひとの気持ちでもあるのだろう。

あなたが打ち明けた疑問に、ひとつずつ答えていくことにしよう。楽に話の筋を追っていけるよう、そしてことを分けて考えられるように。

あなたは「この魂のゲーム」を二〇年もやってきたというが、そうではなく、ゲームのはしをかすめたかどうかという程度にすぎない（念のために言っておくが、「叱って」いるのではないよ。ただ、事実を指摘したまでだ）。たしかに二〇年間、それを見つめ、もてあそび、ときどき実験してみてはいただろう……だが、ごく最近までは、魂のゲームに本気で——心から本気で——とりくもうとはしていなかったと、わたしは感じる。

**「魂のゲームをしている」とはどういうことか、**はっきりさせよう。それは**精神と身体と魂をあげて、神の姿をかたどり、神に似せて自己を創出するプロセスに没頭することだ。**それが東洋の神秘主義者が述べている自己実現のプロセスである。西欧の神学の大半が集中的にとりあげている救済のプロセスである。

それは一日一日、一時間一時間、一瞬一瞬をゆるがせにしない最高の意識の活動である。毎瞬くり返される選択と再選択である。創造しつづけることである。意識的創造である。目的をもった創造である。これまで話しあってきた創造の道具を使うこと、それもはっきりと意識して、最高の意図をもって使うことである。

それが「魂のゲームをする」ということだ。それで、あなたはいつから実行してきたかな？

すみません。まだ、始めてもいません。

極端から極端へ走らなくてもいいし、自分にそう厳しくすることもない。あなたは一生懸命に努力してきたのだし——謙遜《けんそん》しているが、よくがんばってきた。だが、二〇年もの長い期間、実行してきたとは言えない。もっとも、どれくらい長く努力してきたかは重要ではない。いま努力しているか、それだけが問題だ。

あなたの言葉を考えてみよう。あなたは、「いまのざまを見てください」と言い、自分は「救貧院行きの一歩手前」だと言う。だが、わたしはぜんぜんべつの見方をする。わたしの目に映るのは、豊かな家の一歩手前にいる人間だ！ あなたは給料の小切手を一回もらえなければ、自分は忘却の淵に消えると感じているが、わたしはあと一回の小切手でニルヴァーナ（涅槃《ねはん》）に達するところにいると見ている。もちろん、その「小切手」を何だと考えるか、何のために働いているかによって見方は違ってくるが。

あなたの人生の目的が安定だとしたら、あなたが「給料の小切手を一回もらえなければ救貧院行き」だと感じるのはよくわかる。だがこの考え方にも訂正の余地はある。なぜなら、わたしからの小切手なら、物質的な世界での安定感を含め、良いものがすべて手に入るから。

わたしからの小切手——あなたがわたしのために「働く」ときの代償——は、魂の安らぎだけではなく、もっともっと大きなものだ。物質的な安らぎも手に入れられる。だが、皮肉なことに、わたしの報いによって魂の安らぎを経験すれば、物質的安らぎについては心配しなくなる。

家族の物質的安らぎにすら、関心がなくなるだろう。あなたが神の意識のレベルにまで向上したら、ほかの人間の魂への責任はないこと、すべての魂が安らかであれと願うのは立派だが、それぞれの魂が自らの運命を選ぶべきだし、選んでいるのだということが理解できる。

もちろん、意図的にひとを虐待したり、破滅させたりするのは高尚な行為ではない。また、自分に頼るようにしむけたひとたちの欲求を無視するのもよくない。

あなたの仕事は、彼らを自立させること、できるだけ早く完全に、あなたなしにやっていきなさいと教えることだ。彼らが生きるためにあなたを必要としている限り、あなたは彼らにとって祝福とはならない。あなたが必要ないと気づいた瞬間に、はじめて祝福となる。

同じ意味で、神の最大の瞬間は、あなたがたが神を必要としないと気づいたときだ。

わかっている、わかっている……このことは、これまで教えられてきたすべてに反すると言うのだろう。だが、あなたがたが教わってきたのは怒りの神、嫉妬の神、必要とされることを必要とする神だ。それは神ではなく、神性であるべきものの神経症的な身代わりにすぎない。

〈真のマスター〉とは、生徒がいちばん多い者ではなく、最も多くの〈マスター〉を創り出す者である。

〈真の指導者〉とは、追随者がいちばん多い者ではなく、最も多くの指導者を創り出す者である。

〈真の王者〉とは臣民がいちばん多い者ではなく、最も多くの者に王者らしい尊厳を身につけさせる者である。

〈真の教師〉とは知識がいちばん多い者ではなく、最も多くの者に知識を身につけさせる者である。

そして〈真の神〉とは信者がいちばん多い者ではなく、最も多くの人びとに仕える者、したがってほかのすべての者を神にする者である。

それが神の目標であり、栄光である。信者がもはや信者ではなくなること、神とは到達できない存在ではなく、不可避の存在であることをみんなが知ることだ。

あなたの幸運は必ず訪れる。あなたは必ず「救われる」。それがわからないことこそ地獄で、地獄はそれ以外にはない。

そこで、親として、配偶者として、愛し愛される者として、あなたの愛を、相手をしばるための接着剤にしてはならない。そうではなくて、まず引きつけ、つぎに転換させ、反発させる磁石にしなさい。そうしないと、引きつけられた者はあなたに執着しなければ生きられないと信じはじめる。これほど真実とかけ離れたことはない。これほど、他者にとって破滅的なことはない。

あなたの愛によって、愛する者を世界に押し出しなさい。そして、彼らが自分自身を充分に体験できるようにしむけなさい。それが、ほんとうの愛である。

家庭人にとって、この道は大きな試練だ。気を散らすことがいくらでもあり、現世的な心配がいくらでもある。

だが、精神的な美だけを追求する者はそうしたことにわずらわされない。パンと水をたずさえ、粗末なワラ床でやすみ、祈りと瞑想と神性を思いめぐらすことにすべての時間を捧げる。そういう環境なら、神性を見ることはどれほど簡単だろう！　務めはどれほど単純だろう！

しかし、配偶者があり、子供があったら！　午前三時におむつを替えなければならない赤ん坊に神性を見る。毎月一日に支払わなければならない請求書に神性を見る。配偶者を襲う病に、奪われた職に、子供の発熱に、親の苦痛に神の手を見る。それができたら、聖者だろう。

あなたが疲れるのはよくわかる。苦闘にうんざりしているのもよくわかる。教えてあげよう。わたしに従えば、苦闘は終わる。神の場で暮らせば、すべての出来事が祝福になる。

でも、失業して、家賃を払わなければならず、子供は歯医者にかからなければならないとき、どうすれば神の場に着けるのですか。高貴で哲学的な場が、こうした問題を解決してくれるとはとても思えないんですが？

わたしを最も必要としているときに、わたしを捨ててはいけない。いまこそ、試練の時だ。いまこそ、チャンスだ。ここに書かれたすべてを証明するチャンスだ。「わたしを捨ててはいけない」と言うと、まるでさっき話に出た、要求がましい神経症のひとたちが考える神のように聞こえる。しかし、そうではない。あなたは好きなだけいくらでも、「わたしを捨て」ればいい。わたしはかまわないし、それでわたしたちの間柄が変化することもない。わたしは、あなたの質問に答えているだけだ。つらいときには、真の自分を忘れがちになり、自分が選んだ人生を創造するために与えられた道具を忘れがちになる。

いまこそ神の場に行くときだ。そこでまず大きな精神の平和が得られる。平和な精神からは良いアイデアがあふれ出す。そのアイデアで、あなたが抱えていると思っている問題が解決するかもしれない。

第二に、神の場でこそ、あなたの自己が実現する。それがあなたの魂の目的、唯一の目的だ。

神の場にいれば、いま経験していることはすべて、かりそめにすぎないとわかるだろう。言っておくが、天国も地上も過ぎ去るが、あなたは過ぎ去らない。この永遠という視点から見れば、ものがよく見えてくる。現在の状況や環境は、一時的なかりそめのものだと、正しく考えられるようになる。そして、それを道具として使えるようになる。状況や環境は、現在の経験を創造していくうえでの、一時的なかりそめの道具にすぎないからである。あなたは自分を何者だと考えているのか？　失業と呼ぶ経験との関連で、自分を何者だと考えているのか？　そして、もっと肝心なことだが、わたしを何者だと考えているのか？　問題が大きすぎて、わたしには解決できないと思うのか？　いまの苦境からの脱出という大きな奇跡は、わたしの手には負えないと思っているのか？　たとえ、わたしに与えられた道具があっても、あなたがとりくむには問題が大きすぎるというなら理解できるが、わたしの手にも負えないとほんとうに思っているのか？

頭では神にとって問題が大きすぎはしないと考えています。だが、気持ちのうえでは確信がもてません。手に負えないかどうかではなく、**あなたが手を出してくださるかどうか確信がもてないんです。**

わかった。それでは信頼の問題だ。

そうです。

あなたはわたしの能力を疑っているのではなく、わたしの意図を疑っているということなのだね？

つまり、こういう経験はわたしに教訓を与えるためかもしれない、ついそう考えるような教えが身についているんです。解決策があるのかどうか、確信がもてないんですよ。もしかしたら、問題を抱えていろということかもしれない。いままでの教えをもとに考えると、これは与えられた「試練」のひとつかもしれないと感じてしまうんです。だから、問題は解決しないのかもしれない。あなたが、この試練に耐えろと言われているのかもしれない、と……。

ここでもう一度、わたしとあなたがたとの関係をおさらいしておいたほうが良さそうだ。あなたは、わたしの意図の問題だと考えており、わたしは、あなたの意図の問題だと言っているのだから。

わたしがあなたに望むのは、あなた自身があなたに望むことだ。それ以上でもなく、それ以下でもない。わたしはあなたが何かを求めるたびにそれをかなえるかどうか、ひとつずつ判断したりはしない。

わたしの法則によれば、ある原因があれば必ず結果が生じる。ふたを開けてみなければ結果がわからないなんてことはない。あなたの選択しだいで、実現できないことはない。それどころか、あなたが求める前から、わたしは与えようとしている。それを信じることができるかな？

いいえ、申しわけありませんが。祈ってても応えてもらえない経験をさんざんしてきましたから。

あやまることはない。経験から生まれた正直な思いを大切にしなさい。わたしにはわかるし、尊重もする。わたしに向かいあうときは、それでいいのだ。

良かった。だって、わたしは求めるものをすべて得られるとは信じられないのです。わたしの人生が証拠です。それどころか、願いなどめったにかなうものじゃない。もし、願いがかなえば、ちくしょう、今回は幸運じゃないかと思いますよ。

おもしろい言葉を使うね。あなたはそちらを選択するわけだ。人生には、ちくしょうつきの幸運と、うれしい、やったぞという幸運と、両方ある。どちらかというと、うれしい、やったぞという幸運のほうが良いと思うが——もちろん、あなたが決めたことに指図はしないけれど。

いいかな、あなたはつねに、自分が創造したものを得るのだし、**つねに創造しつづけているのだ。**

わたしは、あなたが創造したものを批判せず、ただ、もっと創造できるように、もっともっと多くを創造できるようにと、力を与えるだけだ。もし、創造したものが気に入らなければ、選びなおしなさい。神としてのわたしの仕事は、**つねに再選択の機会を与えることだ。**

さて、あなたは求めるものをすべて得られはしなかったと言う。だが、わたしは、あなたがつねに求めるものを得てきたと言う。

**自分は選んだものをめったに得られないという考え、**それも創造につながる思考だし、**それを含めて、人生はつねにあなたの思考の結果だ。**

あなたは現在、失業している、自分は失業という状況の犠牲者だと考えている。だが、ほんとうは、もうあなたはその仕事を選択していないのだ。あなたは朝、期待に満ちて目を覚ますのではなく、いやいやながら起きるようになった。仕事が楽しくなくなり、ぐちっぽい気分になりはじめていた。それどころか、何かほかにしたいと夢を見はじめていた。そうしたことが、何の意味ももたないと思うのか？　あなたは自分の力を誤解している。忘れないように、あなたの人生はあなたの意図するとおりに進んでいくのだよ。それでは、あなたはいま、何をしたいのか？　人生では、選んだものもめったに手に入らないという理論を実証したいのか？　それとも、自分がほんとうは何者であり、わたしが何者であるかを明らかにしたいのか？

そう言われると恥じ入ります。すみません、悲しいです。

そう思うと何かの役に立つかな？　真実を聞かされたらなぜすなおに認め、そちらに向かって踏み出さないのか？　自分を責める必要はどこにもない。ただ、自分の選択を認めて、選びなおしなさい。

それでも、どうしてわたしはいつも暗い考え方ばかり選ぶんでしょうか？　暗いほうを選んでは、自分を責めるんでしょうか？

無理もないとは思わないか？　あなたがたは小さいころから、「悪い」と言われつづけてきた。自分が「罪」を背負って生まれたのだと思いこまされてきた。罪悪感は、そういう学習の結果だ。

あなたがたは、何もできないほど幼いころから、自分のしたことに罪悪感を感じるようにしつけられてきた。完璧な者として生まれなかったことを恥じるように、教えられてきたのだ。

あなたがたは不完全な者としてこの世に生まれ出たと教えられている。あなたがたの宗教で言う原罪だ。たしかにそれは最初の罪だが、あなたがたの罪ではない。神が不完全なものを創造した、創造できたと考えているとすれば、それは神の何たるかを知らない世界があなたに対して犯した最初の罪だ。

その誤解を中心にすべての教義ができあがっている宗教がある。まさに「誤解」だ。**わたしが生み出したもの、生命を与えたものはすべて完璧だからである。生きとし生けるものはすべて、完璧さの完璧な反映であり、わたしの姿をかたどって、わたしに似せて創られている。**

だがあなたがたの宗教は、神は罰するという考えを正当化するために、怒りの対象を創りあげた。そのせいで、模範的な人生を送っている者まで、救われなければならないことになった。救われなければならないようなことはしていなくても、もって生まれた不完全さから救われなければならないというわけだ。

こうして（その宗教は）、あなたがた全員に、急いで何とかせよ、そうしないと地獄へ落ちるぞとおどす。

要するに、何をしても復讐心と怒りの神の気持ちをやわらげることはできない。復讐心と怒りの宗教に生命を与えるだけだ。おかげで宗教はいつまでも栄える。権力は多数の者が分かちあうのではなく、少数の者に集中しつづける。

もちろん、あなたがたは劣った考え、劣った思いを選び、自分を力のないちっぽけな存在だと思いつづける。そう、教えられてきたのだから。

やれやれ（My God）。どうすれば、そんな教えから逃れることができるのですか？

いい質問だ。そして、まさに適切な相手への質問だな！

この本を何度も読み返せば、そんな教えから逃れられる。何度も、くり返して読みなさい。すべての文章が理解できるまで。すべての言葉を覚えるまで。誰かに本のなかの文章を聞かせられるようになるまで、暗く落ちこんだときに本のなかの文章が心に浮かんでくるようになるまで。そうすれば、「そんな教えから逃れる」ことができるだろう。

まだまだあなたにおたずねしたいことがたくさんあるんです。まだまだ知りたいことがあるんです。

よろしい。あなたはたくさんの質問をリストアップした。あの質問表に戻ろうか？

# 8

わたしはいつになったらもっと利口になって、なめらかな人間関係がもてるようになるんでしょう？　幸せな関係を築く方法があるのですか？　それとも、人間関係というのは、いつまでたっても難題なのですか？

人間関係について学ばなければならないことは何もない。ただ、知っていることを実証すればいい。幸せな関係を築く方法はある。自分が考え出した目的ではなく、本来の目的のために関係を活用することだ。

人間関係はいつでも課題だ。つねに創造すること、表現すること、自己の高い面、より大きな自分、すばらしい自分を経験することを求められる。その経験をいちばん直接的に、力強く、純粋に実践できるのが人間関係という場だ。それどころか、ひととの関係なしには、その実践は不可能だ。

ほかの人間や場所、出来事との関係を通じてのみ、あなたは（個性のある実体として、ほかと区別しうる何者かとして）宇宙に存在できる。ほかがなければ、あなたも無だということを覚えておきなさい。自分以外のほかとの関係があるから、あなたは存在する。それが相対性の世界というもので、それと対照的なのが絶対性の世界、わたしが存在する世界だ。

このことをはっきりと理解すれば、そしてしっかりと把握すれば、すべての経験を、すべての人間的出会い、とりわけ個人的な人間関係をうれしいと思うようになる。人間関係は、最も高い意味で建設的なことがらだから。経験はすべて、ほんとうの自分を創りあげるために活用できるし、活用すべきだし、（あなたが望むと望まざるとにかかわらず）現実に活用されつづけているのだ。

自分を創りあげることは、意識的な構想にもとづくすばらしい創造にもなるし、「偶然まかせ」にしておくこともできる。起こった出来事に左右されるだけの人間であることもできるし、出来事に対してどうありたいか、何をするかという決断を通じて、どんな人間になるかを選ぶこともできる。意識的な自己の創造は後者のほうだ。あとのほうの経験によって、自己が実現される。

すべての関係をうれしいもの、特別なもの、自分を創りあげる経験としてとらえなさい。

そして、いま、どうありたいかを選びなさい。

ところで、あなたがたずねたのはロマンティックな人間関係のことなのだろう。そこで、愛情関係についてとくに、詳しくとりあげることにしよう。あなたがいつも苦労していることだな！

愛情関係が失敗するとき（真の意味では、失敗した関係というものはありえない。ただ、人間的に見て、望んだとおりにならないという意味での失敗があるだけだ）、その原因はそもそも間違った理由で関係を結んだことにある。

（もちろん、「間違った」というのも相対的な言葉で、「正しい」という言葉に対比されるだけだ。正しいというのがどんな意味かはともかくとして！　だから、「人間関係が失敗し、変化してしまうのは、最初にその関係を結んだ理由では関係を続けられなくなったときである」と言ったほうが正確だろう）

ほとんどのひとは、相手との関係で何を与えられるだろうかと考えるのではなく、何が得られるだろうかと考えて、関係を結ぶ。

**人間関係の目的は、自分自身のどの部分を「明らかに」したいかを決定することであって、相手のどんな部分を把握し、つかまえておきたいかを決めることではない。**

人間関係の目的はひとつしかない——それは、人生のすべてに言えることだ。目的は、ほんとうの自分は何者であるかを決め、ほんとうの自分になること、それである。

特別な誰かに出会うまでは、自分は「何者でもない」と思うのは、とても夢があるが、真実ではない。**それどころか、そう考えると、相手にほんとうの自分とは違うあらゆること**

**を強いるという、信じがたい圧力をかけてしまう。**

「あなたを失望させたくない」ばかりに、相手はほんとうの自分らしくない努力をし、自分らしくない行動をしようとして、やがてはそれに耐えられなくなる。相手は、あなたの期待を満たせなくなる。割り当てられた役割を演じられなくなる。そこで、恨みが生じる、怒りが湧《わ》き起こる。

相手はやがて、自分自身を救うために（そして関係を救うために）、真の自分をとり戻そうとし、ほんとうの自分らしくふるまうようになる。そうなると、あなたは相手が「すっかり変わってしまった」と言う。

人生に特別な相手が現れて自分が満たされたと感じる、というのは非常にロマンティックだ。だが、人間関係の目的は、相手に満たしてもらうことではなく、「完全な自分」――つまりほんとうの自分という存在をまるごと――分かちあう相手をもつことだ。

ここに、すべての人間関係のパラドックスがある。ほんとうの自分を充分に経験するためなら、特別の相手を必要としない……ところが、他者がいなければあなたは何者でもない。これが人間の経験の謎《なぞ》でもあり、驚異でもあり、いらだちのたねでもあり、喜びでもある。このパラドックスのなかで意味のある生き方をするためには、深い理解と大きな意思が必要だ。これができる人間は非常に少ない。

あなたがたのほとんどは、人間関係を結びはじめる年ごろには期待と、あふれる性的エネルギーと、大きく開かれた心と、性急ではあるにしても喜びに満ちた魂をもっている。それが四〇歳から六〇歳になるころ（多くはこれよりも早く）、壮大な夢をあきらめ、高い希望を棚上げし、ごく低い予想に甘んじるか、まったく期待しなくなる。

問題は、非常に根本的でシンプルで、しかも悲劇的な誤解にある。あなたの壮大な夢、気高い思い、そして優しい希望は、愛する自分ではなく愛する他者にかかわるものだという誤解だ。人間関係の試練は、相手があなたの思いにどこまで応えてくれるか、自分が相手の思いにどこまで応えられるかにある、と思いこむ誤解だ。しかし、真の試練とは、あなたがあなた自身への思いにどこまで応えられるか、ということなのだ。

人間関係が神聖なのは、最も気高い自分をとらえて実現する経験ができる、つまり自分を創造する最大の機会――それどころか、唯一の機会――を与えてくれるからだ。逆に、相手の最も気高い部分をとらえて経験する、つまり他者との経験のための最大の機会だと考えると、失敗する。

人間関係では、それぞれが自分のことを考えるべきだ。自分は何者か、何をするか、何をもっているか。自分は何を欲し、要求し、与えているか。自分は何を求め、創造し、経験しているか。そう考えれば、すべての人間関係はすばらしいものとなり、その目的に――そして関係を結んでいる人間にとっても――大いに役立つだろう。

**人間関係では、それぞれが他者について心をわずらわせるのではなく、ただただ自分につ**

**いて心をくだくべきだ。**

これは奇妙な教えに聞こえるかもしれない。あなたがたは、最も気高い人間関係では相手のことだけを考えるものだと聞かされてきたからだ。ところが、ほんとうはあなたがたが相手にばかり気持ちを向けること——相手にとらわれること——が、失敗の原因である。相手は何者か？　相手は何をしているか？　相手は何をもっているか？　相手は何を言っているか？　何を欲しているか？　何を要求しているか？　何を考えているか？　期待しているか？　計画しているか？

〈マスター〉は、相手が何者で、何をし、何をもち、何を言い、何を欲し、何を要求しているかはどうでもいいことを知っている。相手が何を考え、期待し、計画しているかはどうでもいい。大事なのは、その関係のなかであなたが何者であるかだけである。最も愛情深い人間とは、最も自己中心的な人間だ。

それはまた、ずいぶん過激な教えですが……。

よくよく考えれば、過激ではない。自分を愛していなければ、相手を愛することはできない。多くのひとたちは、相手への愛情を通じて自分への愛情を求めるという過ちを犯している。もちろん、自分がそうしていると気づいてはいない。意識的ないとなみではない。

精神のなかで、精神の深いところで起こっているだけだ。潜在意識で起こっていることだ。ひとは、考える――「正しく相手を愛することさえできれば、相手はわたしを愛してくれるだろう。そうしたら、わたしは愛される人間になり、自分を愛することができる」と。これを裏返せば、愛してくれる他者がいないから自分を憎んでいるひとが多い、ということだ。これは病――ほんとうの「愛の病」だ。この病にかかると、じつは愛されているのに、それはどうでもよくなる。どんなにおおぜいのひとが愛を告白してくれても、満たされない。

第一に、彼らは相手を信じない。自分をあやつろうとしているのだ、何かをねらっているのだと考える（ほんとうに自分を愛してくれるはずがあるだろうか？ そんなはずはない。きっと間違いを犯しているのだ。何か期待しているのだろう！ いったい何が欲しいのだ？ そう考える）。

彼らは、ほんとうに自分を愛しているのだろうかと、くよくよと考える。そして、相手を信じられないので、愛情を証明しろと迫りはじめる。相手は愛していることを証明しなければならなくなる。そのために、相手はほんとうの自分とは違うふるまいをしなければならなくなるかもしれない。

第二に、ようやく愛されていると信じたとしても、たちまち、いつまで愛してくれるだろうかと心配しはじめる。そこで、愛情をつなぎとめておくために、ほんとうの自分とは違うふるまいを始める。

こうして、人間関係のなかで二人とも自分を失ってしまう。自分自身を発見することを期待して人間関係を結んだのに、かえって自分を失ってしまう。

**人間関係のなかで自分を失うこと——人間関係が苦いものになる理由の大半がここにある。**

パートナーになった二人は、一たす一は二より大きくなると期待したのに、二より小さくなってしまったことに気づく。ひとりでいたときよりも、自分が小さくなったと感じる。能力も小さくなれば、わくわくするような興奮も減り、魅力的でなくなり、喜びも満足も減ったと思う。

それは、彼らが小さくなったからだ。人間関係を築くため——そして維持するため——に、自分の大半を捨ててしまったからである。

ほんとうの人間関係は、決してそんなものではない。だが、あなたが考えるよりもずっと多くのひとたちが、そういう人間関係を経験している。

どうして？　どうしてなんですか？

それは、ひとが人間関係の目的を見失うから（一度は知っていたとして）だ。

**聖なる旅の途上にある聖なる魂としての相手を見失うと、すべての人間関係の奥にある目**

**的も理由も見えなくなってしまう。**

あなたがたは発達進化し、自分自身になっていく存在である。そして、あなたがたはあらゆるものとの関係を活用して、何者になるかを決定する。

その仕事のためにあなたは生まれてきた。それが、自分を創造する喜びである。自分を知る喜び、意識的に自分が望む自分になる喜びである。それが、意識的に自分自身になっていくということである。

個人的な人間関係は、このプロセスの最も重要な要素だ。したがって個人的な関係は聖なる土壌である。他者とは何の関係もないが、しかし他者を巻きこむから、すべては他者とかかわってくる。

これが神聖なる二分法である。これは閉じた輪である。したがって、「自己中心的な者に幸いあれ、なぜなら、彼らは神を知るからである」と言っても、決して極端な教えではない。自分自身の最も気高い部分を知るということ、そしてそこにとどまるということは、立派な人生の目的だ。

だから、あなたの最初の関係は、自分自身との関係である。まず自分自身を大切にし、慈しみ、愛することを学ばなければならない。

**他者の価値を見抜くためには、まず自分に価値を見いださなければならない。他者を祝福すべき者として見るためには、まず自分を祝福すべき者として見なければならない。他者**

**の神聖さを認めるには、まず自分自身が聖なる存在であることを知らなければならない。**

馬の前に馬車をつないでいるなら——たいていの宗教はそれを求めているが——そして、自分を認める前に他者を神聖な存在として認めるなら、やがてはそれを恨むようになるだろう。人間にとって耐えられないことがひとつあるとすれば、それは自分より他者のほうが神聖だということだから。しかし、あなたがたの宗教は、他者をあなたよりも神聖だと考えろと強要する。そこで、あなたがたはしばらくは従う。それから、他者を迫害するようになる。

あなたがたは(何らかの方法で)わたしが送った教師のすべてを迫害してきた。「あのひと」だけではない。それは、彼らがあなたよりも神聖だったからではなく、あなたがたが彼らを神聖な存在に祭り上げたからである。

わたしが送った教師たちはすべて、同じメッセージをたずさえていた。「わたしはあなたより神聖である」ではなく、「あなたはわたしと同じく神聖である」というメッセージだ。このメッセージをあなたがたは聞くことができなかった。この真実をあなたがたは受け入れられなかった。だから、あなたがたは決して心から、純粋に誰かを恋することができない。心から、純粋に自分を恋していないからだ。これからは自分を中心にしなさい。いつでも相手ではなく自分が何者であるか、何をし、何をもっているかを考えなさい。

**あなたがたの救済は相手の行動のなかにではなく、あなたがたの反応のなかにある。**

わたしの誤解かもしれませんが、でも、相手に何をされたかを考えてはならないというように聞こえます。相手は何をしてもいい、こちらの心が安定してさえいれば、自分を中心に据えてさえいれば、そうやってちゃんとしていれば、どんなことがあっても平気だというように聞こえます。

けれど、相手が何をしても平気というわけにはいきません。相手の行動に傷つくこともあります。人間関係で傷つくと、わたしはどうしていいかわからなくなるんです。「受け流せ、平気でいろ」と言うのは立派ですが、「言うは易く、行うは難し」です。わたしは実際、相手の言葉や行動に傷つくんです。

いつかは傷つかなくなる日がくるだろう。その日、あなたは人間関係の真の意味、人間関係を結ぶ真の理由に気づき、真の人間関係を実現するだろう。

それを忘れているから、いまのような反応をするのだ。

だが、それはそれでよろしい。それも成長の過程であり、発達進化の一部だから。人間関係というのは魂の仕事、偉大な理解、偉大な記憶だ。そのことを思い出さない限り――そして、自己創造の手段として人間関係をいかに活用するかを思い出さない限り――あなたはいまのレベルで努力しなければならない。いまの理解のレベル、意思のレベル、記憶のレベルで。

そこで、あなたが相手の在り方、言うこと、行動に傷つき、苦痛を感じたときには、どう反応すればいいか。まず、どう感じているかを自分にも相手にも正直に認めなさい。あなたがたの多くは正直に認めるのを怖がる。そうすると自分が「悪く見える」のではないかと思うからだ。心の底のどこかで、「そんな感じ方をする」のはばかげていると気づいている。そんな自分がちっぽけなのかもしれないと。「自分はもっと大きな人間」のはずだ、と。だが、感じるのはどうすることもできない。苦痛を感じないわけにはいかない。できることはひとつしかない。自分の感情を大事にすることだ。自分の感情を尊重するとは、自分自身を尊重することだ。あなたがたは自分を愛するように隣人を愛さなければならない。だが、自分の感情を尊重できないで、どうして相手の感情を理解したり、尊重したりできるだろう？

相手との相互関係のなかで、まず問いかけなければならないのは、自分は何者か、何者になりたいか、ということだ。

いくつかの在り方を試してみなければ、自分が何者か思い出さず、何者になりたいかわからないことは多い。だからこそ、自分の正直な感情を大事にすることが大切なのだ。

最初の感情が否定的な感情でも、何度でも必要なだけその感情を味わえば、いつかはそこから踏み出せる。怒りや逆上や嫌悪、憤怒《ふんぬ》を味わい、「仕返し」したいと思っている者も、いつかは「そんな自分にはなりたくない」と考えて否定的な感情を捨てることができるだろう。

〈マスター〉とは、そのような経験をさんざん積んだあげくに、最終的な選択が前もってわかるようになったひとたちだ。彼女は何も「試す」必要がない。そんな衣服は着古し、自分には合わないことを知っている。それが「わたし」ではないとわかっている。〈マスター〉はほんとうの自分を実現することに人生を捧げているから、自分に似合わない感情を味わうことはない。

〈マスター〉はほかの者なら災厄だと思う目にあっても動じない。〈マスター〉は災厄を祝福する。災難のたねから(そしてすべての経験から)自己の成長が生まれることを知っている。〈マスター〉の人生の第二の目的は、つねに成長することだ。完全に自分を実現したら、残っているのは、さらに成長することだけだから。

この段階で、魂の仕事から神の仕事へと移る。それこそが、わたしの仕事なのだ!

この対話では、あなたがまだ魂の仕事の段階にあるとみなすことにする。あなたはまだ(「ほんとうの」)自分を知りたがっている。人生(神)は、真の自分を創造する豊富な機会をあなたに与えるだろう(人生とは発見のプロセスではなく、創造のプロセスであることを忘れないように)。

あなたは何度でも自分自身を創造することができる。それどころか、あなたは毎日、自分自身を創造している。だが、いまの段階では、いつも同じ回答を出すとは限らない。環境や条件によって、ある日は人間関係において忍耐強くて愛情深く、親切である自分を選ぶだろう。つぎの日には怒ってみにくく悲しい自分になるだろう。

〈マスター〉とは、つねに同じ回答を出すひとたちだ。その回答とは最も気高い選択である。

その点で、〈マスター〉のふるまいはすぐに予想がつく。逆に未熟な者のほうはまったく予想がつかない。ある状況への対応、反応について、最も気高い選択をすると予想できるかどうか——それを見れば〈マスター〉への道のどのあたりにいるかがわかる。

もちろんそうなると、「気高い選択」とは何かという疑問が起こるだろう。

この疑問をめぐって、時が始まって以来、人間はさまざまな哲学や神学を発展させてきた。この疑問にほんとうにとりくむひとは、すでに〈マスター〉への道を歩んでいる。大半のひとたちは、まだほかの疑問にとりくんでいる。気高い選択とは何か、ではなく、最も有利な選択とは何か、あるいは、どうすれば失うものを最小限にできるかという疑問だ。

被害をおさえるとか、できるだけ得をするという観点から人生を生きていると、人生の真の利益を失ってしまう。機会が失われる。チャンスを見のがす。そんな人生は、不安に駆りたてられて生きる人生だし、そんな人生を送るあなたは、ほんとうのあなたではない。

なぜなら、あなたは不安ではなく愛だから。愛は何の保護も必要としないし、失われることもない。だが、第一の疑問ではなく、第二の疑問に答えつづけている限り、愛を経験的に知ることはないだろう。得たり失ったりするものがあると考える人間だけが、第二の疑問をいだくのだから。違った見方で人生を見る人間、自分をもっと気高い存在と見るひと、勝ち負けではなく愛するか愛し損なうかだけが試されていると理解しているひと、そのひとだけが第一の疑問にとりくむ。

第二の疑問をいだく者は「わたしの身体、それがわたしだ」と言う。第一の疑問をいだく者は、「わたしの魂、それがわたしだ」と言う。

**だが、聞く耳のある者は聞きなさい。わたしはこのことを言っておく。すべての人間関係の決定的な接点において、問題はひとつしかない。**

**「いま、愛なら何をするだろうか?」**

**ほかのどんな疑問も無縁であり、無意味であり、あなたの魂にとって重要ではない。**

さて、非常に微妙な解釈が必要なところにさしかかっている。愛に支えられた行動についての原則は、だいたい誤解されているからである。そしてその誤解が人生の恨みや怒りを誘い、その恨みや怒りのゆえに、おおぜいが自己実現と成長の道から離れたままでいるからである。

あなたがたは何世紀にもわたって、他者に最高の善をもたらす在り方や行為を選択することと、それが愛に支えられた行動だと教えられてきた。

だが、最も気高い選択とは、あなた自身に最高の善をもたらすものである。

奥深い真実というものはすべてそうだが、この言葉もたちまち誤解を生みかねない。この言葉の謎は、自分に与えられる最高の「善」とは何かを考えるとき、少しは解けてくるだろう。そして至高の選択が行われるとき、謎は解け、輪は完結し、あなたにとっての最高の善が他者にとっても最高の善になる。

このことを理解するには、一生涯かかるかもしれない。あるいはもっと多くの生涯が必要かもしれない。なぜなら、この真実の中心にはさらに大きな真実があるからである。あなたが自分のためにすることは、他者のためにすることである。他者のためにすることは、自分のためにすることである。

なぜなら、あなたと他者とはひとつだから。

そして、それがなぜかと言えば……、

あなたのほかには何もないから。

地上に現れた〈マスター〉はみんな、それを教えてきた（「まことに、まことに、わたしはあなたがたに言う。わたしの兄弟の最も小さなひとりに対してしたのは、このわたしに対してしたのである」）。だが、それは、大半のひとたちにとって最も難解で、現実にはほとんど応用されない真理にとどまっている。ところが、これこそがあらゆる「難解な真理」のなかで、いちばん現実に応用しやすい真実なのである。

人間関係のなかでは、このことを覚えていることが重要だ。そうでないと、関係は非常にむずかしくなるだろう。

いまは難解な真理はさておいて、この智恵の現実的な応用に戻ることにしよう。古い理解にもとづいて、ひとは——善意で、しかも信仰心のあついひとは——人間関係のなかで、いちばんひとのためになると思うことをしてきた。悲しいことに、たいていはその結果として虐待されつづけてきた。あるいは酷使されつづけてきた。うまくいかない人間関係ばかりが続いた。

他者を基準として「正しいことをしよう」と努力したひと——すぐに赦し、同情を示し、ある種の問題やふるまいを見過ごしつづけてきたひとたちは、結局は神を恨み、怒り、信じなくなった。正義の神なら、たとえ愛の名においてであっても、そんな際限のない苦しみと喜びの欠如と犠牲を要求しつづけるだろうか。

神は要求していない、それが答えである。

**神は、あなたが愛する相手に自分自身も含めるようにと求めているだけである。**

神はさらに先へ進む。神は、自分を第一に考えることを提案し、勧めている。

あなたがたのなかにはこれを冒瀆と呼ぶ者がいること、したがってこれは神の言葉ではないと言う者がいること、さらには、神の言葉であると受け入れたうえで自分自身の目的のためにねじまげて解釈し、神意にかなわない行動を正当化する者がいることも、よくわかっている。

気高い意味で自分自身を第一に考えるなら、決して神意にかなわない行動をするはずはない。

したがって、自分のために最善のことをしようとして、神意にかなわない行動になるなら、問題は自分を第一としたことではなくて、何が最善かを誤解したことにある。

もちろん、自分にとって何が最善かを見きわめるには、自分が何をしようとしているのかを見きわめなければならない。無視している者が多いが、これは重要なステップである。あなたは「何をしようと」しているのか？　あなたの人生の目的は何か？　その疑問に答えなければ、ある状況で何が「最善」かはいつまでも謎だろう。

実際問題としては——ここでも難解な真理はさておいて——虐待されている状況で自分にとって最善なことは何かと考えれば、少なくともその虐待をやめさせなければならない。虐待をやめさせることはあなたにとっても、虐待する側にとっても良いことである。**虐待を続けさせておけば、虐待する側までが虐待されることになるからだ。**

それは虐待者を癒すのではなく、傷つけることである。虐待は受け入れられるものだと思っていたら、虐待者は何も学べない。ところが、虐待はもう受け入れられないとわかれば、虐待者は何かを発見できるだろう。

愛情ある態度をとるということは、必ずしも相手の好きにさせるということではない。

子供をもった両親はそのことをすぐに悟る。おとながおとなに対する場合、国が国に対する場合には、そう早くは悟れない。

だが、横暴な独裁者を栄えさせてはいけないし、横暴はやめさせなくてはいけない。自分への愛、独裁者への愛がそれを要求する。

これが、あなたの「あるのは愛がすべてだとしたら、どうして人間は戦争を正当化できるのですか？」という問いへの答えである。

時には、人間は真の人間らしさを表す偉大な宣言として、戦争を嫌悪する人間として、戦争へ行かなければならない。

時には、ほんとうの自分であるために、ほんとうの自分を放棄しなければならない。すべてを放棄する覚悟をするまでは、すべてを手に入れることはできない、と教えた〈マスター〉たちがいる。

したがって、平和な人間としての自分を「まっとうする」ために、戦争に加わらない自分という考え方を放棄しなければならないかもしれない。歴史は人間にそんな決意を求めてきた。

同じことは、私的な関係についても言える。人生には、**ほんとうの自分でない面を示すことで、ほんとうの自分を証明することを要求されることが何度かある。**

何十年か生きていれば、それがわかってくる。ただし、観念的な若者にとっては、究極の矛盾と感じられるかもしれない。もっと成熟してから振り返れば、神聖な二分法に思われるだろう。

だからといって、人間関係で傷ついたら「仕返しせよ」というのではない(国家間の関係でも同じだ)。ただ、傷つけられても放っておくことが、あなた自身にとっても他者にとっても愛ある行為とは限らない、というのである。

こう考えれば、最高の愛があれば悪に対しても力ずくの対応をしない、という一部の平和主義者の主張は通らなくなるはずだ。

ここでもう一度、難解な真理に戻る。悪に対する愛ある行為とは何かを真剣に考えれば、「悪」という言葉と、これにまつわる価値判断を無視できなくなるからだ。じつは、悪というものはなく、ただ客観的な現象と経験があるだけだ。しかし、人生の目的からして、あなたは増えるいっぽうの現象のなかから、悪と呼ぶ現象を選び出さなければならなくなる。そうしないとあなたは自分自身もほかのことも善と呼ぶことができず、自分自身を知って創造することができないからである。

あなたは何を悪と呼び、何を善と呼ぶかで自分自身を定義する。

**最大の悪は、どんなものも悪ではないと宣言することである。**

この人生という相対性の世界ではすべてがほかとの関係でのみ存在しうる。人間関係の目的と機能もまったく同じである。あなた自身を発見し、あなた自身を定義し——あなたが選択するならば——ほんとうの自分自身をつねに創造しなおすための経験の場を提供すること、それが人間関係の目的であり、機能である。

**神に似た存在であることを選ぶというのは、殉教者《じゅんきょう》になることを選択することではない。もちろん、犠牲者になることを選択することでもない。**

悟り――そのときには傷つき、被害を受け、喪失するという可能性がなくなる――への途上においては、傷つき、被害を受け、喪失することをみな経験の一部として認め、それとの関係でほんとうの自分とは何かを決定すればいい。

あなたはひとが考えたり、言ったり、したりしたことに傷つくだろう。いつか、傷つかない日がくるまでは、しかたがない。その日に最も早く到達する方法は、完全に正直になることだ。自分がどう感じているかをはっきりさせ、認め、口にすることである。あなたの真実を語りなさい。優しく、しかし包みかくさず真実を語りなさい。あなたが真実だと感ずるように生きなさい。おだやかに、しかし一貫してあなたが真実だと感ずるように生きなさい。経験によって新たなことがわかったなら、すなおにすばやく変更しなさい。

まともな精神をもった者なら誰でも、まして神なら、人間関係で傷ついても「受け流せ、平気でいろ」などとは言わない。いま傷ついているなら、平気でいようとしても遅い。あなたの仕事は、傷ついたということが何を意味するかを考え、それを示すことだ。そうすることによって、あなたはこうありたいと思う自分を選び、その自分になるのだから。

それでは、神聖な生き方をしようとして、あるいは神に気に入られようとして、長年耐える妻とか、ばかにされつづける夫、人間関係の犠牲者になる必要はないんですね。

やれやれ、あたりまえではないか。

それから、人間関係のなかで「わたしは最善をつくした」「義務を果たした」「なすべきことはした」と神にもひとにも恥じることがなく言えるようにしたいからって、人間としての尊厳を冒されたり、誇りを傷つけられたり、気持ちをずたずたにされたり、心を傷つけられたりするのを我慢する必要はないんですね。

一分たりとも我慢する必要はない。

それじゃ、お願いですから教えてください。人間関係のなかで、わたしは何を約束すべきなんですか？ どんな協定をまもるべきなんですか？ 人間関係ではどんな義務が生じるんですか。どんな指針をまもればいいんですか？

それに答えても、あなたは気に入らないだろうな。指針はないし、どの協定も結んだ瞬間にゼロ、無効になる。あなたには義務はない、それが答えだ。人間関係においても、人生においても、義務はない。

義務がないんですか?

**義務はない。**制約も制限もないし、指針もルールもない。あなたはどんな環境や状況にもしばられないし、どんな規範や法律にも拘束されない。
また、どんな違反をしても罰せられないし、違反をする可能性もない。神の目には「違反」などということはない。

前にも「ルールなんかない」という宗教のことは聞いたことがあります。宗教的なアナーキズムですね。それで、どうしてうまくいくのかわかりません。

うまくいかないはずがない。あなたが自分自身を創造するという仕事に励むなら。いっぽう、他人の期待に応えるのが務めだと思うなら、ルールも指針もないためにむずかしくなるかもしれない。
だが、少しでも考えるひとなら不思議に思うのではないか。もし神が、わたしにこうせよと望むなら、**どうして最初からそのように創られなかったのか**、と。どうして、神が望む自分になるために、自分を「克服する」闘いをしなければならないのか？　探求心があれば、当然、それを知りたがるだろう。もっともな疑問だからだ。

宗教家たちは、わたしがあなたがたを真の自分より劣るものとして創ったと信じこませている。真の自分になれるかもしれないが、それにはあらゆる困難を克服しなければならないと、あなたがたは思っている。さらに言うならば、**わたしに与えられたあらゆる自然な性質まで克服しなければならない**と思っている。

その自然な性質のなかに、罪を犯すという性質が含まれているというわけだ。あなたがたは罪を背負って生まれた、そして罪のうちに死ぬだろう、本質的に罪人だと。その罪を自分ではどうすることもできないと教えている宗教さえある。どんなふうに行動しようと関係ないし、何の意味もない、自分の行動しだいで「天国へ行ける」と考えるのは傲慢《ごうまん》だ、と言う。天国へ行く（救済の）道はただひとつで、自分の行動とは何の関係もなく、神が神の子を仲立ちとしてあなたがたを受け入れてくださるという恵みによって救われるだけだ、そう教えている。

そういう宗教は、神が受け入れてくれれば「救われる」が、それまでは、何をしようと、どんな生活を送ろうと、どんな選択をしようと、自分を向上させ、価値を高めたいとどんな努力をしようと、何の効果もないし、何の影響力もない、と言う。自分自身の価値を高めることはできない、なぜなら本質的に無価値だからだ、と言う。そのように創られているのだ、というわけだ。
どうしてか？　それは神のみぞ知る、ということらしいな。神は過ちを犯したのかもしれない。うまく創造できなかったのかもしれない。あるいは、神はすべてをやりなおせたらいいと思っているのかもしれない。だが、実際にはこうなってしまった。さて、どうしたものか……。

わたしをばかにしてますね。

いや。ばかにしているのは、あなたがたのほうだ。あなたがたは、わたし、すなわち神が本質的に不完全な存在を創りながら、完全であることを要求している、完全でなければ地獄に落とそうとすると言う。
それから、世界が始まって数千年したところでわたしが態度をやわらげ、これからは善である必要はない、善でなかったときに悔いて悲しみさえすればいい、そしてつねに完璧でありうる神のひとり子を救世主として受け入れればいい、そうすれば完璧さを求めるわたしの飢えは満たされると言った、と言う。あなたがたは、わたしの子――完璧な神のただひとりの子――があなたがたをそれぞれの不完全さから救った、わたしが与えた不完全さから救ったと言う。

言い換えれば、神の子は父である神からあなたがたを救ったことになる。

これが、あなたが、そしておおぜいが考えている神の行いだ。

**さあ、ばかにしているのはどちらかな？**


あなたがキリスト教のファンダメンタリスト（原理主義者）たちの教義を真っ向から攻撃していると感じたのは、この本のなかで、これが二度めです。驚きました。


「攻撃」という言葉を使ったのはあなただ。わたしはただ、その問題について話しているにすぎない。ところで、問題はあなたが言ったような「キリスト教のファンダメンタリスト」の教義ではない。神そのものの性格、そして神と人間との関係だ。

ここでその問題にふれるのは、義務について——人間関係や人生そのものにおける義務について話していたからだ。

あなたは義務のない関係を考えられない。ほんとうの自分を受け入れられないからだ。完璧に自由な人生を、あなたは「宗教的なアナーキズム」だと言う。だが、わたしは神の偉大な約束と呼ぶ。

この約束によってのみ、神の偉大な計画が完成するからだ。

ほかとの関係で、あなたには何の義務もない。ただ、機会があるだけだ。**義務ではなく機会、それが宗教の要石《かなめいし》であり、本質的ないのちの基盤である。そこを逆に考えている限り、いつまでたっても肝心なことがわからないだろう。**

関係——あなたとすべてのものとの関係——は、魂の仕事を行うための完璧な道具として創り出された。だからこそ、人間関係はすべて聖なる地盤なのだ。だからこそ、個人的な関係はどれも神聖なのだ。

この点では、教会が言うことの多くは正しい。結婚は神聖だとされている。だが、神聖な義務だからではなく、比類ないチャンスだからだ。

ほかとの関係で、決して義務感から行動してはいけない。ほかとの関係はほんとうの自分を決定し、ほんとうの自分になるための栄えあるチャンスを与えてくれる。何をするにしても、その意識を出発点にしなさい。

それはわかるような気がします。しかし、わたしは人間関係がむずかしくなるたびに、投げ出してきました。その結果、小さいころにはひとりのひととの関係がいつまでも続くはずだと思っていたのに、断続的に複数の相手と関係をもつことになってしまった。ひとつの関係を続けるにはどうすればいいか、よくわからないのです。いつか、わかるときがくるのでしょうか？　そのためには、どうすればいいのでしょう？

あなたは、ひとつの関係を続けることが成功だと思っているようだ。人間関係が長続きすれば、うまくいったのだと勘違いしないようにしなさい。地上でのあなたの務めは、どれほど長く人間関係を維持できるかを試すことではなく、ほんとうの自分とは何かを決定し、ほんとうの自分を経験することであるのを忘れてはいけない。

決して、人間関係は短いほうがいいと言うのではない。だが、長ければいいわけでもない。ただし、このことだけは言っておくべきだろう。長い人間関係はお互いの成長にとって、お互いの経験にとって、お互いの充足にとってすばらしい機会だし、それだけすばらしい成果がある。

わかってます、わかってるんです! いつも、そうに違いないと思っていたんです。でも、どうしたら、それが可能になるのでしょうか?

第一に、正しい理由で人間関係を結ぶこと(「正しい」と言っても、相対的な意味で、あなたの人生の大きな目的に照らして「正しい」ということだ)。

前にも言ったように、たいていのひとはいまだに「間違った」理由から人間関係を結んでいる。寂しさから逃れるため、心のすきまを埋めるため、愛を感じたいため、ひとに愛を感じさせたいため。こういった理由はましなほうだ。なかには自我を救うため、憂うつから脱したいため、性生活を向上させたいため、過去の経験から立ちなおりたいためというのもあるし、退屈だからという場合さえある。
こうした要求はどれも満たされるはずがないし、途中で劇的な変化が起こらない限り、人間関係もうまくはいかない。

わたしは、そういう理由で人間関係を結んだのではありませんでした。

そうだろうか。どうして人間関係を結んだか、あなたにはわかっていないのではないか。そんなふうには考えなかったかもしれない。目的意識をもって、人間関係を結んだのではなく、たぶん「恋に落ちた」から人間関係を結んだのだろう。

そのとおりです。

あなたは、自分がなぜ「恋に落ちた」か、立ち止まって考えたことがないのではないか。自分が何に反応したのか、考えたのか？　どんな必要性を満たそうとしたのか、考えたか？

**たいていの場合、愛は、充足したいという欲求への反応として起こる。**

誰でもいろいろな欲求をもっている。これが必要、あれが必要だと感じている。あなたがたはお互いに、充足したいという欲求を満たすチャンスを見いだした。そこで、あなたがたは——暗黙のうちに——取引をする。あなたがもっているものをくれるなら、わたしももっているものをあげましょう、という取引だ。

これは商行為だ。だが、あなたがたはそんな真実は口にしない。「あなたと大きな取引をします」とは言わず、「とても愛しています」と言う。それが失望のはじまりだ。

それは、前にもおっしゃいましたね。

そう。そしてあなたも同じことをくり返した。それも一度ではなく、何回も。

この本はときどき堂どうめぐりになるようです。同じことを何度もくり返している。

人生とはそんなものではないか。

**まいったな。**

ここでは、あなたが質問し、わたしはただ答えているだけだ。あなたがべつのしかたで三度同じ質問をすれば、わたしは三度、答える。

わたしは、あなたがべつの答えをしてくださると期待しているのかもしれません。人間関係についてのあなたの答えを聞いていると、ロマンティックな関係がずいぶん色あせてしまう。何も考えずに、激しい恋に落ちることのどこがいけないんでしょうか？

べつにいけなくはない。好きなだけおおぜいと恋に落ちるがいい。**しかし、一生続く人間関係を築きたいのなら、少しは考えたほうがいいのではないか。**

逆に、水が流れるように次つぎに人間関係を結ぶのが楽しいなら、あるいはもっと困ったことに「そうあるべきだから」と決めつけてひとつの人間関係にとどまっているなら、静かに絶望して人生を送ることになる。そういう過去と同じパターンをくり返すのが楽しいなら、これまでと同じように生きていけばいい。

わかりました、わかりましたよ。あなたは容赦ない方ですね、そうじゃありませんか？

それが真実というものだ。真実は容赦がない。あなたを放っておいてはくれない。真実はあらゆる方向から忍び寄ってきて、あなたに現実をつきつける。たしかに、いやなことかもしれないな。

どうもそうらしいですね。つまり、わたしは長続きする人間関係を築く方法を知りたいと言い、あなたは、そのひとつは目的意識をもって人間関係を結ぶことだとおっしゃるのですね。

そのとおり。自分も相手も、同じ目的をもっていることを確認しなさい。

**お互いが、人間関係の目的は義務ではなく機会を創り出すことだと考えれば、成長し、自分を充分に表現し、人生をできるだけ高い位置に引きあげ、自分自身にいだく間違った考えや卑小な考えを癒し、最後には二人の魂の合体を通じて、神とひとつになるための機会を創り出すことだと確信すれば——そしてあなたが、これまでのような誓いではなく、そういうことを誓えば——人間関係はとても良くなる。正しい一歩を踏み出すことができる。非常にすばらしい出発点になる。**

それでも、成功は保証されないんですか。

人生で保証が欲しいというなら、あなたは人生を望んでいないことになる。それでは、書かれた台本どおりのリハーサルを望んでいるだけだ。人生は本質的に保証のないものだ。そうでなければ、人生の目的そのものが損なわれてしまう。

そうですか。わかりました。それで、人間関係の「非常にすばらしい出発点」はできました。そのあとは、どうすればいいんでしょうか?

難題に挑戦するなら、困難な時もあるだろうと覚悟する必要がある。難題や困難を避けようとしてはいけない。難題や困難を歓迎しなさい。心から歓迎しなさい。神からの偉大な贈り物だと思いなさい。ほかとの関係のなかで――そして人生で――するべきことができる栄えある機会だと思うことだ。困難にぶつかったとき、パートナーを敵だの対立相手だのと考えないように努力しなさい。どんなひとも、どんなことも敵だと思わないこと、それどころか問題だとも思わないことだ。すべての問題をチャンスだととらえる力を養いなさい。チャンスというのは……。

……わかってます、わかってます。「ほんとうの自分とは何かを決め、ほんとうの自分になる」チャンスですね。

そのとおり！　だんだんわかってきたようだ！

だけど、それではずいぶんつまらない人生のように聞こえます。

それは、あなたの視点が低すぎるからだ。地平線を広げなさい。視界の奥行きを広げなさい。自分のなかに、これまで見ていた以上のものを見ることだ。パートナーにも、いままで以上のものを見ることだ。

ひとがあなたに見せる以上のものを見ても、決して人間関係を──それに誰をも──傷つけることにはならない。

なぜなら、ほんとうは見える以上のものがあるからだ。ずっと多くのものがある。ひとがそれを見せないのは、恐れているからだ。あなたがもっと多くを見ているのに気づけば、相手は安心して、あなたがすでに見ているものを向こうから見せてくれるだろう。

ひとは自分への期待に応えるということですね。

そういうことだ。ここでは「期待」という言葉は使いたくないが……。期待は人間関係を損なう。だから、わたしたちが相手に見るものを、相手は自分自身に見る、と言い換えよう。わたしたちが見るヴィジョンが大きくなればなるほど、相手は進んでそのヴィジョンを自分のなかに発見し、わたしたちにも見せてくれる。

祝福される関係とは、そんなふうに働くものではないか？　それが癒しのプロセスではないか——相手がもっている、彼ら自身についての間違った考えをすべて「放り出して」いいのだと思わせてやるプロセスではないか。

わたしがここで、この本であなたにしているのも、そういうことではないか？

そうです。

それが神の仕事だ。魂の仕事とは、あなた自身を目覚めさせることだ。神の仕事とはすべてのひとを目覚めさせることだ。

相手がほんとうの自分を見て、ほんとうの自分とは何かを思い出すようにしむければ、その魂の仕事ができるんですね。

それには二つの方法がある。ひとにほんとうの自分を思い出させるか（これは非常にむずかしい。ひとはあなたを信じようとしないだろうから）、自分でほんとうの自分を思い出すか（こちらのほうがずっと優しい。ひとに信じさせる必要はなく、自分が信じればいいのだから）。いつもほんとうの自分を思い出してみせていれば、いつかは相手もほんとうの自分を思い出す。ひとはあなたのなかに自分自身を見るから。

永遠の真実をはっきりと示すために、おおぜいの〈マスター〉が地上に送られてきた。また洗礼者ヨハネのように、メッセンジャーとして輝かしい言葉で真実を伝えるため、間違いようのないはっきりした言葉で神を語るために送られたひとたちもいる。

こうした特別なメッセンジャーは、非凡な洞察力と、永遠の真実を見抜いて受け入れる特殊な力、それに複雑な概念を大衆が理解し、実践できるように伝える能力に恵まれていた。あなたもそんなメッセンジャーのひとりだ。

わたしが？

そう。信じるか？

それは簡単には信じられません。つまり、わたしたちはみんな、特別な存在でありたいと思っていますが……。

……あなたがたはみな、特別な存在だ……。

……それに、自意識もあります――少なくとも**わたし**の場合はそうです。ひとは自分がすばらしい任務のために「選ばれた」人間だと感じたがる。わたしはそんな自意識と闘い、自分のすべての考えや言葉、行動をできるだけ純粋にしよう、自分を偉そうに見せてはいけないと努力してきたんです。だから、あなたの言葉を受け入れるのはとてもむずかしい。自意識が刺激される言葉ですから。その自意識と、わたしは物心ついて以来、闘ってきたんですよ。

あなたが自意識と闘ってきたのは知っている。時には、あまり成功しなかったことも。

残念ながら、おっしゃるとおりです。

だが、神に関する限り、あなたはつねに自意識を捨てていた。あなたはいく夜も真実を明らかにしてくれと天に願い、洞察力を与えてくれと懇願してきた。それも自分を豊かにしたいからでも、名誉が欲しいからでもなく、ただ純粋に知りたいという熱望からだった。

そのとおりです。

そしてあなたは、何度もわたしに約束した。もし知ることができたなら、残る生涯を——目覚めている時のすべてを——永遠の真実をひとに分かち与えるために捧げると……。それは栄光を得たいためではなく、ひとの苦しみや痛みを終わらせたいという心底からの願いがあるためであり、歓喜をもたらしたい、助けたい、癒したい、神と協力関係にあるという自分が味わった思いを通じて、もう一度ひととつながりをもちたいと思ったためだった。

そう、そのとおりです。

だから、あなたをメッセンジャーとして選んだのだ。あなたを、そしてほかの多くのひとたちを、わたしは選んだ。なぜなら、いま、そしてこれからしばらくの間、世界には、神の言葉をほがらかに響かせるたくさんのトランペットが必要だからだ。おおぜいが切望している真実と癒しの言葉を語る多くの声が必要だからだ。集まってともに魂の仕事をするたくさんの心が、神の仕事をする準備ができているたくさんの心が必要だからだ。あなたはそれに気づいていなかったと、正直に言いきれるのか？

いいえ。

あなたはそのために生まれてきたのではないと、正直に言いきれるのか？

いいえ。

それでは、この本によって、あなた自身の永遠の真実について決断して宣言する心構えが、そしてわたしの栄光を世に明らかにする心構えができているか。

いまのやりとりのいくつかも、この本に記さなければなりませんか？

何にせよ、しなければならないということはない。わたしたちの関係では、義務というものはないことを思い出しなさい。あるのは機会だけだ。これは、あなたが生涯、待っていた機会ではないのか？　若いころからこの使命のために自分自身を捧げ、準備をしてきたのではなかったのか？

　そうです。

　それでは、義務だからするのではなく、チャンスだから実行しなさい。このやりとりを本に記すかどうかだが、どうしてためらうのか？　わたしがあなたを内緒でメッセンジャーにしたがっていると思うのか？

　いいえ、そうは思いませんが。

　自分は神につかわされた人間だと言いきるのには、非常に勇気がいる。知っているだろうが、世界はほかのことなら何でも受け入れても、神につかわされた人間は受け入れたがらない、そうではないか？　神のメッセンジャーはどうか？　わたしのメッセンジャーはひとり残らず、おとしめられてきた。栄光を得るどころか、心痛以外の何も得られなかった。

それでも、やってみるかな？　わたしの真実を語っても、あなたの心は痛まないか？　人びとのあざけりに耐えられるか？　より大きな魂の栄光を実現するために、地上の栄光を捨てる覚悟ができているか?

とつぜん、ひどく厳しい話になりましたね、神よ。

冗談にしておいたほうがいいのか?

そうですね、もう少し明るくてもいいんじゃないでしょうか。

明るい? 明るく真実を照らすのなら、賛成だね。それでは、この章をジョークで締めくくることにしようか?

いいですね。何か、いいのがありますか?

いや、だがあなたにはあるだろう。絵を描いていた女の子の話、あれはどうかな……。

ああ、あれですね。いいでしょう。

——ある日、ママがキッチンに入っていくと、少女はテーブルにクレヨンを散らかして、夢中になって絵を描いていました。「そんなに熱心に、何を描いているの？」とママがたずねると、「神さまの絵を描いているのよ、ママ」と愛らしい少女は、目を輝かせて答えました。

「まあ、それはすてきねえ」とママは優しく言いました。「でもね、神さまがどんな方なのか、ほんとは誰も知らないのよ」。

「そう」と少女は楽しげに答えました。「じゃ、わたしが描いてしまうまで待っててね……」。

じつに美しくかわいいジョークだ。どこがいちばん美しいのか、わかるかな？　女の子が、ちゃんとわたしを描けることをまったく疑っていないからだよ。

そうですね。

さて、わたしも話をひとつして、この章を終わらせることにしよう。

どうぞ、お願いします。

昔、ある男が気づいてみると、本を書くのに毎週、何時間も費やしていた。くる日もくる日も、彼はペンをもって原稿用紙に向かい——時には真夜中までかかって新しいインスピレーションのひとつひとつをとらえようと努力していた。やがて、誰かが何をしているのかと男にたずねた。

「ああ、わたしは神との長い長い対話を書き記しているんです」と男は答えた。

「それは、たいへんけっこうだ」と相手は、もっともらしく答えた。「だが、ほんとうは誰も神が何を言うか知らないんだよ」。

「そうかい」と男は微笑んだ。「じゃ、わたしがこの本を書きあげるまで待っててくれないか」。

# 9

あなたは「ほんとうの自分であること」は、たやすいと思っているかもしれない。だが、それはあなたの人生でいちばんの難題だ。それどころか、決して実現できないかもしれない。ほんとうにそれができるひとはごく少ないからだ。まして一度の生涯で成功するひとはほとんどいない。多くの生涯をかけてもできないくらいなのだから。

それじゃ、どうして努力するんですか？　どうして、わざわざそんな苦労を始めるんでしょう？　何の必要があるんですか？　どうして、人生はこんなものだと気楽に生きてはいけないんですか。どこに到達するというわけでもない、無意味な行動を重ねていくだけだ、どっちにしても負けることはないゲームなんだから、と思えばいいじゃないですか。誰だって結局は同じ結果になるんだ、と考えていればいいじゃないですか。あなたは地獄はないし、罰もない、負けることはないとおっしゃった。それなら、どうして目的を達成しようと努力しなくちゃいけないんですか？　あなたのおっしゃる目的地に到達するのがそれほどむずかしいなら、何のためにそんな努力をするんでしょう？　楽しく過ごして、神さまとか「ほんとうの自分」とかについては気楽に考えたらいいじゃないですか？

おやおや、どうもいらだっているようだが……。

そうですね。努力して、努力して、さんざん努力してきたあげくに、目的を達するのはむずかしい、何百万人にひとりしか成功しないんだと言われたんでは、がっかりしますよ。

そう。あなたの気持ちはわかる。それでは少し明るい気分にしてあげようか。第一にあなたはすでに「楽しく過ごして」きたのだと指摘したら、どう思う？　これがあなたの最初の試みだと思うか？

さあ、見当もつきません。

以前にも、こんなことがあったという気はしないか？

ときどきは。

そう、そうなのだ。あなたは何度も生涯を送っている。

何回ぐらいですか？

何度も、だ。

それは、励ましてくださっているんですか？

元気が出るだろう。

どうしてですか？

第一に、不安がなくなる。いまあなた自身も言ったように「失敗はありえない」ということがはっきりする。失敗はしないと、確認できる。「必要なだけのチャンス」がいくらでも与えられることがわかる。あなたは何度でもこの世に戻ってこられる。あなたがつぎの段階に到達できるなら、つぎのレベルまで発達するなら、そうしなければならなかったからではなく、自分でそう望んだからだ。

あなたには、こうしなければならないということは何もない！　いまのレベルで人生を楽しんでいるなら、これが自分にとって最終段階だと思うなら、この経験を何度でもくり返せばいい！　実際、あなたは何度も何度もくり返してきた。自分が望んだからだ！　あなたはこの人生のドラマを愛している。苦痛を愛している。秘密を、「知らない」ということを、サスペンスを愛している！　あなたはそんなすべてを愛している！　だから、いまあなたはこうしてこの世にいるのだ！

わたしをからかっているのですか？

こういうことで、あなたをからかうだろうか？

わかりません。神がどんなことでふざけたり、からかったりするか、わかりませんから。

こんなことで、からかいはしない。あまりにも真実に近すぎるから。ほんとうに知るということにあまりにも近すぎるから。わたしは「知るとはどんなことか」についてふざけたりは決してしない。あまりにも多くのひとたちが、あなたがたの心をもてあそんできた。わたしがこうしてきたのは、あなたをさらに混乱させるためではない。ものごとを明らかにして、あなたを助けるためにきたのだ。

それでは明らかにしてください。あなたは、わたしが望んでいまの暮らしをしていると言われるのですね。

もちろん。そのとおり。

わたしが、こういう在り方を選んだのだと？

そう。

そして、わたしはその選択を何度もしてきたと。

何度も。

何回ぐらいですか？

そら、また同じことを聞く。正確な回数を知りたいのか？　だいたいのところを教えてください。何百回か、それとも十数回か。

何百回もだ。

何百回も？　わたしは、もう何百回も生きてきたのですか？

そう。

それなのに、ここまでしかこられなかったと？

そうでもない。かなりのところまできている。

そうなんですか？

そうだとも。なにしろ、過去の生では、あなたはひとを殺しているのだから。

それのどこがいけないんですか？　あなたは、悪を終わらせるために戦争が必要なこともあると言われたではありませんか。

そのことは、もっと詳しく話そうか。その言葉は――あなたがしたように――さまざまな主張のため、さまざまな狂気を正当化するために利用され、誤用されてきた。わたしが人間を眺める最高の基準に照らせば、怒りの表現や敵意の放出、「悪を正し」、敵対者を罰する手段として、殺害が正当化されることは決してない。悪を終わらせるために戦争が必要なこともある、というのは真実だ――あなたがたがそうさせてきたのだ。あなたがたは、自らを創造するなかで、人命の尊重がいちばん大切だ、そうでなければいけないと決めた。あなたがたがそう決めたことは、うれしい。破壊されてもいいような生命を、わたしは創造しなかったからだ。

その人命尊重のために、時に戦争が必要になる。さしせまった悪に戦争で対抗することを通じて、ほかの生命に脅威《きょうい》が迫ったときの防衛を通じて、あなたがたは自分が何者であるかをはっきりさせるからだ。

最高の倫理法のもとでは――その法のもとではあなたがたは義務を有するが――ほかのひとやあなたに対する攻撃をやめさせる権利をもっている。それどころか、それは義務でもある。

だからといって、懲罰《ちょうばつ》としての殺害や、報復としての殺害、小さな違いを解決する手段としての殺害が行われてもいいということではない。

あなたは過去において、愛する女性をめぐる私的な決闘でひとを殺した。しかも、それを自分の名誉を守るための行為だと言った。じつは、あなたは名誉をすべて失っていたのに。争いを解決するために破壊的な力を使うなんて、とんでもないことだ。**今日ですら、多くの人間がばかばかしい争いを解決するために力——殺傷力——を使っている。**

神の名をかたって人間を殺害するという偽善をしている者までいる。これは最大の冒瀆だ。「ほんとうのあなたがた」にふさわしくないからだ。

それでは、殺害するというのは間違ったことなんですか？

さかのぼって説明しよう。何にせよ「間違った」ことは何もない。「間違っている」というのは相対的な言葉で、あなたがたが「正しい」と呼ぶことの対極を示しているだけだ。

では、「正しい」とはどういうことか？　あなたがたは、ほんとうに客観的に判断できるだろうか？　それとも「正しい」とか「間違っている」というのは、あなたがたが貼るレッテルで、あなたがたが勝手に決めているだけなのか？

あなたは何をもとに決めているのか、教えてほしい。自分自身の経験か？　そうではない。

多くの場合、あなたがたはほかの誰かの決定を受け入れている。昔のひとや年上のひとたちのほうがよく知っているだろうと考えている。日ごろ、自分自身の理解をもとに、何が「正しく」、何が「悪い」かを決定しているひとたちはほとんどいない。**重要なことになると、ますますその傾向が強くなる。重要なことであればあるほど、誰かべつのひとの考えに従いがちだ。**

そう考えると、あなたがたが人生のある領域をコントロールする力を完全に失ってしまった理由も、人生経験のなかでぶつかる疑問も理解できる。

その領域や疑問には、魂にとってとても重要な課題が含まれている。神の本質、真のモラルとは何か、ほんとうの現実とは何か、戦争や医療、中絶、安楽死をめぐる生と死の問題、個人の価値観やその構造、判断の実体などだ。こういう問題のほとんどを、あなたがたは放棄し、他人まかせにしている。自分で判断をくだしたくないのだ。

「誰かが決めるだろう！　わたしはついていけばいい、それでいいんだ！」とあなたがたは叫ぶ。「何が正しく、何が間違っているか、誰かが教えてくれるだろう！」。

宗教にこれほど人気があるのも、そのためだ。どんな信仰であろうと、堅固で一貫していて、信者に対する期待が明快で厳しければ、それでいいのだ。そういう宗教が与えられれば、ひとは何でも信じてしまう。どんな奇妙な行動でも信念でも、神への信仰にされる可能性があるし、そうされてきた。それが神の道だと彼らは言う。神の言葉だと。

その言葉を受け入れるひとたちがいる。そのひとたちは喜んで受け入れる。そうすれば考える必要がなくなるから。

さて、殺害について考えてみよう。何かを殺す正当な理由などがあるだろうか？　自分で考えてごらん。偉いひとに教えてもらったり、むずかしい情報を与えられたりする必要はないことがわかるだろう。自分で考え、どう感じるかを見つめてみれば、答えはおのずと明らかになり、あなたはそれに従って行動するだろう。それが、自らを権威として行動するということだ。

他者を権威として行動すると、わけがわからなくなる。国家は政治的な目的を達するためにひとを殺してもいいか？　宗教は教義に従わせるためにひとを殺してもいいか？　社会はルールに違反した者を殺してもいいか？

政治的矯正法として、宗教的説得法として、社会問題の解決策として、殺害という行為は適切か？

さて、誰かに殺されそうになったら、あなたは相手を殺せるだろうか？　愛する者の命をまもるためにひとを殺せるだろうか？　あなたが知りもしない者をまもるためにはどうか？

殺されそうになって、ほかの方法では身をまもれないとき、自衛のためにひとを殺してもいいか？

殺意のないひと殺しと計画的な殺人とは違うのか？

国家は、政治的な課題を達成するための正当なひと殺しもある、と信じるようにしむけるだろう。権力機構として存続するために、国家はその言葉を信じさせる必要があるのだ。

宗教は、自分たちが定めている真実を広め、教えを維持し、まもらせるためには、ひと殺しもやむをえない、と信じるようにしむけるだろう。権力機構として存続するために、宗教はその言葉を信じろと命じる。

社会は、ある種の違反行為（その行為が何かは時代によって変わってくるが）を犯した者を罰するためには死刑も必要だ、と信じるようにしむけるだろう。権力機構として存続するために、社会はその言葉を受け入れさせなければならない。

あなたはこうした主張が正しいと思うか？　他者の言葉をあなたは受け入れるか？　あなた自身はどう思うのか？

こうしたことがらには「正しい」も「間違っている」もない。

だが、あなたの決断はあなたが何者なのかを映し出す。

実際、国家はその決断によってそれぞれの姿を映し出してきた。

宗教はその決断によって、いつまでも消えない印象を創り出してきた。

社会も、その決断によって、自画像を創り出してきた。

あなたは、いまの自分の姿に満足しているか？　宗教の姿は、あなたの望んでいるものだろうか？

いまの社会の自画像は、あなたが何者であるかを正しく反映しているだろうか？

……こういう疑問に目を向けてごらん。そうすれば、自分で考えなければならなくなる。自分で考えるのはつらいことだ。価値判断をするのはむずかしい。自分で考え、価値判断をするとき、あなたは純粋な創造の場に置かれる。なぜなら、さまざまなことについて「わたしにはわからない。わからないのだ」と言うほかないだろうから。それでも、決定しなければならない。選択しなければならない。自分で考えて選択しなければならない。そういう選択――過去の知識に頼らない決断――それが純粋な創造と呼ばれるものである。そしてひとは、そうした決定をしているとき、自分自身を新たに創り出していることに気づく。

**あなたがたのほとんどは、この重要な仕事には関心がない。他人まかせにしたがる。だから、自分を創造せず、習慣の生き物、外側から創られる生き物でいる。**

他人からどう感じるべきかを指示され、それが自分のほんとうの気持ちとは違うと、深い心理的な葛藤を経験する。あなたがたの奥深くにある何かが、他者が言うことは自分の思いとは違うと語りかける。それではどこへ行けばいいか？　どうすればいいか？

あなたがたがまず行くのは宗教者のところだ。そもそも、そうした立場にあなたがたを追いこんだひとたちのところだ。あなたがたは僧侶やラビ、牧師、教師のもとへおもむく。

彼らは、自分の心のなかの声に耳を傾けてはいけないと言う。いちばんひどいひとたちは、あなたがたをおどし、おびえさせて、直感的に知ったことを捨てさせようとする。彼らは悪について、悪魔について、魔物について、悪霊について、地獄について、呪《のろ》いについて、考えつく限りのあらゆる恐ろしいことを語る。そしてあなたがたが直感的に知ったことは間違っている、慰めを見いだすべき唯一の場所は彼らの思想、考え、教義であり、彼らが定義する正邪であり、彼らが考えるあなたがたの姿であると説得する。

あなたがたはハイと言えば、すぐに自分を認めてもらえるという誘惑にかられる。彼らは受け入れるどころか、歌ったり叫んだり踊ったり腕を振りまわして、ハレルヤと叫んだりしてくれるだろう！

これには抵抗しにくい。あなたは光を見いだした、救われた、と認めてもらえ、喜んでもらえるのだから！

認められ、大げさに騒がれることはたいてい心から納得して決めたことではない。個人の誠実な選択がそんなふうに祝福されることはほとんどない。それどころか、嘲笑されるかもしれない。なんだって？　自分自身で考えるんだって？　自分自身で決定するんだって？　自分の物差しで、自分の判断で、自分の価値観で決めるんだって？　**いったい何様のつもりなんだ？**

**そう、おまえは何者か、という問いにあなたは答えることになる。**

その仕事はたったひとりでしなければならない。報奨もなく、認められもしない。気づいてもらえないかもしれない。
あなたは良いことをたずねた。そんな目にあって、どうして続けなければならないのか？どうしてそんな道へ歩み出さなければならないのか？ 自己探求と創造の旅に出ることで、何が得られるのか？ どこにそんなことをする動機があるのか？ どんな理由でするのか？
その理由はばかばかしいほど簡単だ。

**「ほかにはどうしようもないから」**

それは、どういう意味ですか？

つまり、そのゲームしか行われていないからだ。ほかには何もない。あなたにできることはほかには何もない。あなたは残る生涯もずっと、いましていることを続ける。生まれてからずっとしてきたように。問題は、それを意識的にするか、無意識のうちにするかということだけだ。
この旅をやめることはできない。あなたは生まれる前に旅を始めた。あなたの誕生は、旅のはじまりを告げる合図にほかならない。

そこで、問題はなぜそんな道へ歩み出すのか、ではない。すでに踏み出しているのだから。問題は、この道を意識的に歩くか、それとも無意識のまま歩くかということだ。はっきりと目を見開いて進むか、目覚めないままでいるか？　自分の経験の原因となるか、それとも結果となるか？

これまであなたは、経験の結果としての人生を生きてきた。いま、経験の原因になってみてはどうかと誘われている。それが、意識的に生きるということ、目を見開いて進むということだ。

さっきも言ったとおり、あなたはずいぶん進歩している。だから、これまで多くの生を過ごしたのに、「たった」これだけしか進んでいないのかとがっかりすることはない。あなたがたのなかには、非常に進歩し、非常に確かな自己意識をもっているひとたちがいる。あなたは、自分が何者であるかを知っているし、どんなふうになりたいかも知っている。さらに、あなたは目的地へ到達する道筋さえ知っている。これは偉大な兆候だ。確かなしるしだ。

何のしるしですか？

もうあなたには、数少ない生しか残されていないというしるしだ。

それは良いことなんですか？

良いことだ。

いまのあなたは、それが良いことだと言うだろう。だから良いことなのだ。だが、いまのあなたが望むのは去ること、それだけだ。それは非常に良い兆候だ。

そう遠くない昔、あなたは、この世にとどまることだけを望んでいた。だが、いまのあなたが望むのは去ること、それだけだ。それは非常に良い兆候だ。

そう遠くない昔、あなたは生命を奪った――虫を、草花を、木々を、動物を、ひとびとを殺してきた。だが、いまのあなたは自分が何をしているか、なぜしているかを知らずには、何も殺すことはできない。それは非常に良い兆候だ。

そう遠くない昔、あなたは何の目的もないような生き方をしていた。だが、いまのあなたは、わたしが与えたもの以外には目的がないことを知っている。それは非常に良い兆候だ。

そう遠くない昔、あなたは宇宙に向かって、真実を教えてくれと願った。いま、あなたは宇宙に自分の真実を語る。それは非常に良い兆候だ。

そう遠くない昔、あなたは豊かになりたい、有名になりたいと願った。いま、あなたはただほんとうの自分自身になりたいと願っている。

そう遠くない昔、あなたはわたしを恐れた。いま、あなたはわたしを愛している。わたしをあなたと平等だと言うほどに愛している。

これらはほんとうに、とても良い兆候だ。

それは、すごいや……すごく良い気分にさせてくださるんですね。

**あなたは良い気分になるべきなのだ。「すごいや」などと言って喜ぶ者は誰でも、そう悪い人間のはずはないから。**

あなたはほんとうにユーモアのセンスがあるんですね……。

**ユーモアを創ったのはわたしだよ！**

そう、前にもそうおっしゃいましたね。わかりました。じゃあ、進む理由は、ほかにすることはないからなんだ。それが、この世で起こっていることなんですね。

そのとおり。

それじゃ、おたずねしたいんですが——せめて、もう少し簡単にはならないんですか？

おやおや、わが友よ――いまは、三つ前の人生よりもずっと簡単に、言葉につくせないほど容易になっているではないか。そうなんだよ――ずっと容易になっている。たくさん思い出せば思い出すほど、たくさんのことを経験することができて、たくさんのことを知ることができる。そして、たくさんのことを知れば知るほど、たくさんのことを思い出す。循環しているんだ。だから、ますます容易になり、ますます良くなり、ますます楽しくなっていく。

だが、覚えておきなさい。これまでだって、退屈なつまらない仕事はひとつもなかった。あなたはすべてを愛していた！　最後の瞬間まで！　人生はじつに甘美なものだ！　じつにすてきな体験だ、そうではないか？

そう、たぶんそうなんでしょうね。

たぶん？　これ以上、どんなすてきな体験があるんだね？　あなたはすべてを経験させてもらえる。涙も、楽しさも、苦痛も、喜びも、昂揚も、激しい憂うつも、勝利も敗北も、引き分けも経験できる。これ以上、何がある？

そうですね、もう少し苦痛が少なければ。

苦痛を少なくし、智恵も減らしたのでは、目的が損なわれる。そんなことをしたら、あなたは限りない喜びを体験できなくなる。それこそが「わたし」なのに。もうちょっと辛抱しなさい。あなたは智恵を得ている。もう、苦痛なしに喜びを増やしていくことができる。それも、非常に良い兆候だ。あなたは苦痛なしに愛すること、苦痛なしに手放すこと、苦痛なしに創造すること、苦痛なしに泣くことさえ学んでいる（思い出している）はずだ。そう、あなたは苦痛なしに苦しむことさえできる。この言葉がどういう意味かわかるかな。

わかると思います。わたしは自分の人生のドラマを以前より楽しんでいますから。後ろに下がって、人生をあるがままに眺めることができますから。笑うことだってできますし。

そのとおり。それは成長じゃないか？

ええ、成長でしょうね。

それでは、成長しつづけなさい、わが息子よ。ほんとうの自分になろうとしつづけなさい。そして、つぎの段階では、どんな気高い在り方ができるかを考えなさい。それに向かって努力を続けなさい。前進しなさい！　それがわたしたちの仕事、神の仕事だ。だから、続けなさい！

# 10

わたしはあなたを愛しています。ご存じですか?
知っている。そして、わたしもあなたを愛している。

# 11

質問のリストに戻りたいんですが。どの質問も、もっと詳しく教えてほしいことばかりです。

「関係」についてだけでも本が一冊できるほどですね。それは、わかっているのです。でも、それではいつまでたっても、ほかの質問に移れないでしょう。

またべつの機会、べつの場所があるだろう。それに、べつの本も。わたしはあなたとともにいる。では、つぎに移ろうか。時間があれば、また戻ってくればいい。

そうですね。じゃ、つぎの質問です。わたしの人生では、充分なお金があったためしがないようなんですが、どうしてでしょうか？　わたしは永遠にあくせく働き、つつましく暮らす運命なんですか？　金銭面で可能性を充分に実現できないのは、何がじゃまをしているんでしょう？

そういう状況に置かれているのは、あなたばかりではない。おおぜいのひとが同じ思いをしている。

自分に価値を認めるかどうか、それが問題だとみんなが言うんです。自分に価値があると感じないからだ、と。何人ものニューエイジの指導者たちに言われました。何が足りないにしても、たどっていけば原因はつねに、自分に価値があると思っていないことに行きあたるんだって。

そういう単純化は便利だが、この場合はその指導者たちが間違っている。あなたは自分自身に価値があると思えないから苦しんでいるのではない。それどころか、あなたの人生で最大の難問は、自意識をどうコントロールするかだった。自意識をコントロールしきれないというのは、自分自身に価値を置きすぎるからだと言うひともいるくらいだ!

そう言われると、また情けなくなって恥じ入りますが、おっしゃるとおりです。

真実を言っているだけなのに、あなたはそのたびに情けないとか、恥じ入るとか言うんだね。恥じ入るというのは、他人にどう見られるかを重要視する自意識の強い人間の反応だ。もう、それは卒業したほうがいい。新しい反応をするようにしてごらん。笑ってごらん。

ええ、そうしましょう。

あなたの場合、自分自身の価値が問題なのではない。あなたには大きな価値がある。ほとんどのひとがそうだ。あなたがたは自分に価値があると考えているし、そう思うべきなのだ。問題は、自分に価値があると思えないことではない。

では、何が問題なのでしょう？

問題は、豊かさというものの原則が理解できていないことだ。何が「正しい」か、何が「悪」かについて大きな誤解がある。例をあげてみようか。

お願いします。

あなたは、金は悪いものだと思っている。また、神は良いものだと思っている。それはよろしい！　しかし、あなたの思考のなかでは、神と金は交じりあわない。

そうですね、見方によれば、それは真実でしょう。わたしはそう考えています。

すると、おもしろいことになる。なぜなら、良いことをして金を得ることがむずかしくなるからだ。

つまり、あなたにとっては、「良い」と判断することは金銭的な価値が低いことになる。「より良い」こと（より大きな価値のあること）は、もっと金銭的な価値が少ないというわけだ。

そう考えているのは、あなただけではない。あなたがたの社会全体がそう考えている。だから、教師は薄給で、ストリップの踊り子は大金を稼いでいる。指導者たちの報酬はスポーツ選手にくらべればスズメの涙で、その差を埋めるためには汚職をする。聖職者やラビはパンと水で暮らしているのに、タレントたちには金が降るように集まってくる。考えてごらん。あなたがたは、本質的な価値のあるものは安く手に入るべきだと思っている。たったひとりでエイズの治療法を研究している科学者は資金集めに苦労し、新しいセックスの技巧一〇〇種類について本を書き、ビデオを制作し、週末セミナーを開く女性は……大金持ちになる。

そんなふうにすべてが逆さまになる傾向があるが、それもみんな考え違いのせいだ。金について、あなたがたは考え違いをしている。あなたがたは金を愛しているのに、金はすべての悪の根源だと言う。金を崇《あが》めているのに、「汚い銭」と呼ぶ。ひとを「汚い金持ち」呼ばわりする。誰かが「良い」ことをして金持ちになると、すぐに疑いをいだく。それは「おかしい」と思う。

だから、医師はあまり儲けないほうがいい。あるいは、儲けても内緒にしておくことを覚えたほうがいい。

聖職者は——さあ、大変だ！　彼女が大金を稼ぐのは絶対に良くない（あなたが、女性聖職者を認めるとして、だが）。必ず困った目にあう。

**あなたは、崇高な天職を選んだものは、誰よりも褒賞が低くて当然だと感じている……。**

ふーむ、そうですねえ。

そう、まさに「ふーむ」と言うべきだ。そこのところをよく考えたほうがいい。それはとんでもない考え違いだから。

間違っているとか正しいとかいうことはないのでしょう。

そう、そういうものはない。ただ、あなたにとって有益なことと、そうでないことがあるだけだ。「正しい」とか「間違っている」というのは相対的な言葉で、わたしも相対的な意味で使っている。この場合、あなたにとって有益かどうかで見れば——あなたが欲していることがらとの関係で言えば——あなたの考えは間違っているということだ。

思考は創造につながることを忘れないように。だから、あなたが金は悪いものだと考え、自分自身は価値があると考えれば……葛藤が生じる。

さて、わが息子よ、あなたの場合とくに考え違いの影響が大きい。たいていのひとは、あなたほど悩まない。生活のためにいやでたまらないことをしているから、金を得ることを何とも思わない。言ってみれば、「悪い」ものを得るために「悪い」ことをしている。ところがあなたは人生を捧げている活動を愛している。一生懸命にしている活動を賛美している。

あなたが自分の活動に対して大金を得れば、「良い」ことをして「悪い」ものを得ることになる。それがあなたには受け入れられない。純粋な奉仕をして「汚い銭」を得るくらいなら、飢えたほうがいいと思っている……あるいは、金をとると奉仕の純粋さが損なわれると感じる。

**そこに、金にまつわる矛盾がある。あなたの一部は金を拒否しているのに、一部は金がないことを恨んでいる。それでは、宇宙はどうしていいかわからない。宇宙はあなたから二**

**種類の違った思考を受けとるからだ。そこで、あなたの人生は金に関する限り、一貫性がなくてゆれ動くことになる。あなた自身の金に対する考え方に一貫性がなくてゆれ動いているからだ。**
あなたは、焦点が定まっていない。自分にとっての真実は何か、あなたには確信がない。宇宙というのは、巨大なコピー機にすぎない。あなたの考えを何枚もコピーするだけだ。すべてを変える方法はひとつだ。あなたの考えを変えるしかない。

どうすれば、**考え方**を変えられますか？　わたしはわたしの考え方で考えるしかありません。考え方とか姿勢とか思いとかは、一瞬でできるものではない。何年もの経験の結果、それまでの生涯の出会いの結果でしょう。お金に対するわたしの考え方はおっしゃるとおりですが、でも、どうすれば変えられるんですか？

それは、この本のなかで最も興味深い質問かもしれない。ふつう、ひとの創造方法には、思考、言葉それに行為あるいは行動という三つの段階がある。
第一が思考、創造的な考え、最初の概念だ。そのつぎに言葉がくる。ほとんどの思考はいずれ言葉になり、書かれたり語られたりする。言葉になることで思考にエネルギーが加えられ、世界に押し出されて、ほかのひとたちの目や耳にふれる。

最後に、言葉が行動になり、結果を生むことがある。思考から始まったものが、物理的な世界に出現する。人間が創った世界で、あなたがたのまわりにあるものはどれも、こんなふうにして生じている——多少、かたちは違っても本質は同じだ。創造の三つのセンターが使われているのだ。

そこで、問題が生まれる。支えとなっている考えをどうすれば変えられるか？

そう、これはたいへんに良い質問だ。そして、とても重要な質問だ。支えとなっている考えのいくつかを変えなければ、人類は滅亡してしまうかもしれない。根になる考え、つまり支えになっている考えをいちばん速く変える方法は、「思考—言葉—行為」というプロセスを逆転させることだ。

説明してください。

まず、こうありたいと思う考えにもとづいて行動しなさい。それから、こうありたいと思う考えを言葉にしなさい。それを何度も実行していれば、精神の訓練ができて、新しい考え方ができるようになる。

精神を訓練するんですか？　それはマインド・コントロールのようなものではありませんか？　心理操作ではないのですか？

あなたは、自分がどうしていまのような考え方をするようになったか、わかるのか？　世界があなたの精神を操作して、いまのような考え方をさせているのを知らないのか？　**世界に精神を操作されるより、自分で操作するほうが良くはないか？**　ひとがこう考えさせたいと思う考え方をするより、自分がこうありたいと思う考え方をするほうが良くはないか？　外部に反応するだけよりも、創造的な考えを身につけるほうが良くはないか？

**ところが、あなたの心はほかへの反応でしかない思考で満ちている。他者の経験から生じた考えだ。自分自身のデータにもとづいた考えはごく少ないし、こうありたいという自分の希望にもとづいた考えはさらに少ない。**

あなたの金に対する考え方の根本にある思考が良い例だ。金は「悪いものだ」という考えは、あなたの経験——「金があるのはすばらしいことだ！」と真っ向から対立する。そこで、あなたは自分をごまかし、根にある考えを正当化するために、経験のほうが間違っていると自分をだまさなければならなくなる。

その思考があまりにしっかりと根を張っているので、金に対する考えのほうが不正確なのかもしれないとは思いつかない。

あなたにいま必要なのは、自分自身のデータを見つけることだ。そうすれば根にある考え方が変わり、自分の考えを根にすることができる。

ところで、まだ話していなかったが、あなたには、金に関して根となる思考がもうひとつある。

どういう考えですか？

足りないという考えだ。じつは、その考え方はすべてについての根でもある。金が足りない、時間が足りない、愛が足りない、食べ物が、水が、世界に同情が足りない……良いものはすべて足りない。この「足りない」という集合的な意識がいまのような世界を創りあげている。

すると、金について変えるべき根となる思考——支えとなっている思考——が二つあるんですね。

少なくとも二つあるということだ。たぶん、もっとたくさんあるだろう。調べてみようか……。
金は悪い……金は手に入りにくい……神の仕事をして金を受けとってはいけない（これは、重大な考えだ）……ただほど高いものはない……金のなる木はない（じつは、あるのだが）……金は腐敗のもと……。

わかりました。わたしにはずいぶん、しなければならないことがあるんですね。

いまの状況で幸せでないのなら、そのとおり。いっぽう、あなたがいまの金銭状況で不幸なのは、あなたがいまの金銭状況で不幸だからだということを理解することが大切だ。

ときどき、お話についていくのがむずかしくなります。

ときどき、あなたを導くのがむずかしくなる。

だって、ここではあなたが神でしょう。どうして、もっとわかりやすくしてくださらないんですか。

わかりやすくしているよ。

それじゃ、わたしが理解するようにしてくださったらどうですか。それが、ほんとうにあなたが望んでいらっしゃることなら。

わたしがほんとうに望んでいるのは、あなたがほんとうに望んでいることだ――それ以上でも以下でもない。それが、わたしの最大の贈り物なのだが、わからないかな？　あなたが望む以外のことをわたしが望んだとしたら、そしてあなたがそうするようにしむけたとしたら、あなたの自由な選択はどうなる？　わたしがこうしろ、ああしろと指図したら、あなたは創造的な存在になれるだろうか？　**あなたが従属するのではなくて、自由なことが、わたしの喜びだ。**

わかりました。それで、わたしがいまの金銭状況で不幸なのは、わたしがいまの金銭状況で不幸だからだ、というのはどういう意味ですか？

あなたは、自分がこうだと思う人間になるからだ。否定的な考えをもつと、悪循環が起こる。その循環を断ち切る方法を探さなければならない。

あなたの現在の経験の多くは、いままでの考え方がもとになっている。考えが経験につながり、経験が考えにつながり、それがまた経験につながる。この循環は、支えとなっている考えが楽しいものであれば、つねに喜びを生む。支えとなっている考えがひどいものだと、地獄を生み出すことになる。

秘訣《ひけつ》は、支えとなっている考えを変えることだ。どうすればいいか、これから教えてあげよう。

どうぞ先をお続けください。

ありがとう、そうさせていただこう。まずしなければならないのは、思考―言葉―行為というパラダイムを逆転させることだ。〝行動する前に考えよ〟という古い格言を知っているか？

ええ。

それは忘れなさい。根となる考えを変えたければ、「考える前」に行動しなければいけない。

たとえば、通りを歩いていて、老女に二五セントくださいと乞われたとする。いくら貧しいといっても、老女に小銭を与えるぐらいはできると、あなたはすぐに気づく。そこで、まず老女に金を与えようという衝動が起こる。ポケットに手を入れてたたんだ札をとり出しかけるかもしれない。一ドルか、あるいは五ドル札さえとり出そうとするかもしれない。そうしたら、老女はどれほど喜ぶだろう。どんなに元気づくだろう。

そこへ、考えが割りこむ。おまえはどうかしているのではないか? 今日の予算として七ドルしかないんだぞ! 老女に五ドルやるつもりか? そこで、あなたは一ドル札がないかなと探しはじめる。

そこへまた考えが割りこむ。おいおい、ひとにくれてやるほど金があるのか! コインをやって、さっさと立ち去ったほうがいいぞ。

あなたは急いで、二五セントのコインがないかとべつのポケットを探ろうとする。だが、五セントや一〇セントしかなさそうだ。あなたは気まずい思いをする。ちゃんとした服装をして、食べるものにも困らないというのに、無一文の老女にたった五セントか一〇セントしかやれないのか。

二五セントがないかと、あなたはあわてて探す。ああ、ポケットの底にひとつあったぞ。ところが、そのときにはもう、きまりの悪そうな笑みを浮かべながら老女の前を通りすぎてしまっている。引き返すには遅すぎる。老女は何ももらえなかった。あなたも何も得られなかった。あなたは豊かさと分かちあいということを知るかわりに、老女と同じくらい貧しい気分になる。**どうして、お札を与えなかったのか！**　最初は衝動的にそうしようとしたのに、考えがじゃまをしたのだ。

つぎの機会には、考える前に行動しなさい。金を与えなさい。かまうことはない！　あなたには金があるし、あなたが金を得たところにはまだある。その考えだけが、あなたと物乞いの老女を隔てる違いだ。あなたは金を稼いだところにはまだ金があることをはっきりと知っているが、老女は知らない。

根となっている考えを変えたいと思うなら、新しい考え方に従って行動しなさい。だが、急いで行動しなくてはいけない。そうしないと、気づいたときには精神がじゃまをして新しい考えを殺してしまう。文字どおり、殺してしまうのだ。新しい真実は、あなたが知らないうちに死んでしまう。

だから、機会があったら急いで行動しなさい。それを何度もくり返せば、やがてあなたの精神は新しい考えを身につけるだろう。それがあなたの新しい考えになるだろう。

ああ、そういえばわかったような気がします！　新思考運動というのはそういうことなんですね？

もしそうでなくても、そうあるべきだな。新しい考えは、あなたにとって唯一のチャンスだ。発達し、成長し、ほんとうの自分になるたったひとつのチャンスなのだから。あなたの精神はいま、古い考えでいっぱいだ。古いだけでなく、ほとんどは誰かべつのひとの古い考えだ。だから、いまこそ、あなたの考えのいくつかを変えることが大切だ。それが、発達ということなのだから。

# 12

どうしてわたしは、ほんとうにしたいことをして暮らしていけないんでしょうか？

なんだって？　あなたは楽しく過ごしながら、金をためたいというのか？　兄弟よ、あなたは夢でも見ているのではないか？

なんですって――？

いや、冗談だよ。ちょっと、読心術をしてみただけだ。あなたはそう思っていただろう。

そういうこともありました。

そう。わたしたちはみんな、何度もそういう段階を通ってきている。ほんとうに好きなことをして暮らしているひとは、何が何でもそうしたいとこだわっているひとだ。彼らはあきらめない。決して、譲歩しない。好きなことができない人生なんてあってはならないと思っている。

だが、ここではべつの要素も考えなければならない。たいていのひとがライフワークについて考えるとき、欠けている要素だ。

その要素というのは、何ですか？

何かで「在ること」と「行動すること」には違いがあり、たいていのひとは後者に力点を置いているということだ。

それがいけないのですか？

「良い」とか「いけない」ということではない。あなたが何を選ぶか、どうすればそれが実現するかというだけだ。あなたが平和と喜びと愛を選ぶなら、行動を通じてでは、獲得できないだろう。あなたが幸福と満足を選ぶなら、行動という道を通じては、手に入れられないだろう。ふたたび神と一体になることを選ぶのなら、そして最高の知識、深い理解、終わりのない共感、全面的な目覚め、限りない充足を選ぶのなら、行動では、達成できないだろう。

言い換えれば、あなたが発達することを――魂の発達を――選ぶなら、身体の世間的な活動によって達成することはできない。

「行動すること」は身体の働きである。「在ること」は魂の働きである。身体はつねに何かをしている。毎日、毎分、何かをしようとしている。

身体は魂に促されて何かをするか、魂に反して何かをする。人生の質はこのバランスによって決まる。

魂は永遠に在るものだ。身体が何をしようとも、魂は在るがままに存在する。

あなたが、人生とは「行動すること」だと考えているなら、自分を理解していない。

あなたの魂にとっては、暮らしのために何をするかなどはどうでもいい。人生が終わるとき、あなたもどうでもいいと思うだろう。魂にとっては、どんな行動をするかではなく、その間どんなふうに在るかだけが大切だ。魂が追求しているのは在り方であって、何をしているかではない。

魂は何になりたいのですか？

わたしだ。

あなたに？

そう、わたしだ。あなたの魂はわたしであり、それを知っている。魂はそれを経験しようと努めている。経験するには何もしないのがいちばんいいということも知っている。何もせずただ在ることだ。

魂はどんなふうでいたいのですか？

あなたが望む在り方であれば、何でも。幸福、悲しみ、弱さ、強さ、喜び、復讐、洞察、盲目、善、悪、男性、女性、何でもかまわない。

とても深遠なお話ですが、それがわたしのキャリアとどう関係するんですか？　わたしは自分が好きなことをしながら生きていく方法、暮らしで、自分と家族を養っていく方法を知りたいんです。

望むような在り方をしようとしてごらん。

どういうことですか?

どちらも同じことをしているのに、あるひとたちは大金を稼ぎ、あるひとたちは暮らしがたたない。どこが違うと思う?

技術があるかないかの違いでしょう。

それもひとつの見方だ。だが、第二の見方をしてみよう。ほとんど同じ技術をもった二人の人間がいる。どちらも大学を出ていて、クラスで一番だったし、自分のしていることをよく理解していて、自分たちのツールをらくらくと使う術を知っている――ところが、ひとりのほうがうまくやっている。一方は繁栄しているのに、一方は苦労ばかりだ。その場合はどうだろう?

場所でしょう。

場所？

前に聞いたことがあります。新しいビジネスを起こすのに大事なことは三つしかない。その三つとは一にも、二にも、三にも場所だと。

言い換えれば、「何をしようとしているか」ということではなく、「どこでするか」が大事だということか？

そのとおりです。

それも、ひとつの答えらしいな。魂の関心事はただひとつ、あなたがどこへ行くか、ということだけだからだ。

あなたは不安と呼ばれるところへ行こうとしているのか、それとも愛と呼ばれる場所か？人生に出会うとき、あなたはどこにいるのか――そして、どこからきたのか？

さて、同じような資質をもった二人なのに、ひとりは成功し、ひとりは失敗したという例だが、それは「していること」のせいではなく、「在り方」のせいだ。

ひとりは開放的で、親しみ深くて、こまやかで、親切で、思いやりがあって、陽気で、自信があって、仕事を楽しんでいる。もう一方は閉鎖的で、よそよそしくて、冷たくて、不親切で、陰気で、自分がしていることを嫌っている。

さて、あなたがより高い在り方を選ぶとしよう。神性を選ぶとしよう。あなたは善、慈悲、同情、理解、赦し、愛を選ぶとしよう。**そうしたら、どんな経験をするか。**それを教えよう。

**存在は存在を引きつけ、経験を生む。**

あなたは身体によって何かを生むために、この地上にいるのではない。魂によって何かを生むために、この地上にいる。身体は魂の道具にすぎない。身体を動かす動力はあなたの精神だ。だから、あなたが地上にもっているのは、魂の欲求に従って創造するための動力機械なのだ。

魂の欲求というのは、何ですか？

何だと思う?

わかりません。わたしがおたずねしているんじゃありませんか。

わたしにもわからない。わたしがたずねている。

これじゃ、いつまでたってもらちがあきません。

そうだな。

ちょっと待ってください! さっき、あなたは魂は**あなた**であることを求めているとおっしゃった。

そう。

それじゃ、**それが**魂の欲求でしょう。

そう、広い意味ではそのとおりだ。だが、魂が求めているこの「わたし」には非常に複雑で、非常にたくさんの層、感覚、面がある。わたしには一〇〇万もの側面が、一〇億もの、一兆もの側面がある。わかるだろうか? 冒瀆的な面と深い面、小さな面と大きな面、うつろな面と神聖な面、おぞましい面と神々しい面とがある。わかるだろうか?

ええ、ええ、わかります……上と下、左と右、ここあそこ、前と後ろ、善と悪……。

そのとおり。わたしはアルファでありオメガだ。ただの言葉でも、気のきいた概念でもない。それが真実だ。そこで、「わたし」であることを求める魂には、壮大な仕事が待っている。「在り方」の厖大なメニューのなかから選ばなければならない。いま、この瞬間も魂はそれをしている。

在り方を選んでいるんですね。

そう――そして、正しい完璧な条件を創り、その条件のなかで経験を創り出している。だから、あなたに起こること、あるいはあなたを通して起こることで、自分の最高の善のためにならないことは何もない、というのは真実だ。

それでは、わたしがしていることだけでなく、わたしに起こることまで含めて、経験のすべてを、わたしの魂が創っているというのですか。

べつの言い方をすれば、魂は、計画どおりの経験ができるようにと、正しい完璧な機会にあなたを導く。実際に何を経験するかは、あなたしだいだ。あなたは計画したことを経験するかもしれないし、べつのことを経験するかもしれない。それはあなたが何を選んだかによる。

どうして、自分が経験したくもないことを選んだりしますか?

わからない。どうしてだね?

では、身体か精神は、魂が望むこととは、べつのことを望む場合があるとおっしゃるんですか?

あなたはどう思う?

だって、身体にしても精神にしても、どうして魂を支配できるんですか? 魂はつねに自分の望みを達するのではありませんか?

最も大きな意味で、あなたの本質的ないのちは、自分の望みに目覚め、それと喜ばしい一体化をする時を求めている。だが、いのちは決して、現実のあなたの意識的、肉体的な部分に自分の欲求を押しつけることはない。

「父」は「息子」に自分の意思を押しつけはしない。それは、「父」の本質と異なるものであり、したがって文字どおり不可能だからだ。

「息子」は自らの意思を「聖霊」に押しつけはしない。それは「息子」の本質と異なるものであり、したがって文字どおり不可能だからだ。

「聖霊」は自らの意思をあなたの魂に押しつけはしない。それは聖霊の本質と異なるものであり、したがって、文字どおり不可能だからだ。

不可能はそこで終わる。精神はしじゅう意思を身体に押しつけようとするし、実際に押しつける。同じく、身体はしじゅう精神を支配しようとし――支配に成功することが多い。

だが、身体と精神が一緒になって魂を支配しようとする必要はない。魂には何かしなければならないという必要性がなく（身体と精神は、必要性に制約されている）、身体と精神がしたいようにさせておく。

それに、魂はほかにどうすることもできない。自分という存在を創造するため、そして自分が何者であるかを知るためには、自発的な意思による行為を通すほかなく、無意識に従属していたのでは不可能だからだ。

**従属は創造ではないから、救済にはつながらない。**

従属は反応だが、創造は純粋な選択、外から指示されたり、求められたりしない選択だからだ。

純粋な選択は、たったいまも最高の考えを純粋に創造することを通じて、救済を生んでいる。

魂の働きとは、その欲求を示唆《しさ》することであって、押しつけることではない。

精神の働きとは、選択肢のなかから選択することだ。

身体の働きとは、選択を行動に移すことだ。

身体、精神、魂が一体となって調和し、ともに創造するとき、神が肉体化する。

そのとき魂は自らの体験のなかで自らを知る。

そして、天はそれを喜ぶ。

この瞬間にも、あなたの魂は、あなたがほんとうの自分を知るために存在し、行動し、所有する機会を創造している。あなたの魂が、いま読んでいるこの言葉にあなたを導いたのだ——以前にもあなたを智恵と真実の言葉に導いてきたように。

さて、あなたはこれからどうする？　どのような在り方を選ぶかな？

あなたの魂は、これまで何度もそうしてきたように、じっと見まもり、待っているよ。

それでは、あなたは世俗的な成功ができるかどうかを決めるのは（わたしはまだキャリアについて話しあいたいんです）、わたしが選んだ在り方だとおっしゃるのですか？

わたしはあなたの世俗的な成功には関心がない。あなたが関心をもっているだけだ。あなたが長い期間をかけてある在り方を達成すれば、世間的に成功しないでいるほうがかえってむずかしいだろう、それは事実だ。だが、あなたは「暮らしをたてる」ことにかかずらうべきではない。**〈真のマスター〉は、暮らしをたてることではなく、生きることを選んだひとたちだ。**

ある種の在り方からは、非常に豊かで充実した、生き甲斐《がい》のあるすばらしい人生が生まれる。そうなったら世間的な財産や成功はどうでもよくなるだろう。

人生の皮肉は、世間的な財産と成功に関心がなくなったとたんに、それがふんだんに流れこんでくる道が開けるということだ。

覚えておきなさい。あなたは欲しがるものをもてないが、もっているものは何でも経験できるだろう。

わたしは欲しいものをもてないんですか。

もてない。

あなたは前にも、この対話のはじめのほうでそう言われた。だが、わたしには理解できないんです。あなたは、わたしが望むものを何でももつことができると言われたではありませんか。「あなたが考えるとおり、信じるとおりのことが、あなたの身に起こります」ということではなかったのですか。

その二つは矛盾しない。

矛盾しませんか。わたしには、矛盾するように思えますが。

それは、あなたが理解していないからだ。

そう、それは認めます。だからこそ、こうしてあなたとお話ししているんですから。

では、説明しよう。あなたは欲しがるものを何ももてない。第1章でも言ったように、欲しがるという行為自体が、それを押しやるからだ。

そう、前にも聞いたかもしれませんが、でもわからなくなりました——また、こんがらがってしまった。

がんばってついてきなさい。もう一度、もっと詳しく説明しよう。よく聞きなさい。まず、あなたが理解できるところまで戻ろう。考えは創造につながる。それはいいね？

ええ。

言葉は創造につながる。それも、わかったかな？

ええ、わかりました。

行動は創造につながる。また、考え、言葉、行為は創造の三つの段階だ。ここまでは、わかるかな？

はい、そこまでは。

よろしい。では、ここで「世間的な成功」をとりあげよう。あなたが話したがっていたこと、たずねていたことだから。

ぜひ、お願いします。

さて、あなたは「わたしは世間的な成功がしたい」と考えているか？

ええ、ときどき考えます。

「もっと金が欲しい」と考えるか？

ええ。

だから、世間的な成功ができず、もっと多くの金ももてないのだ。

**どうして、だめなんですか？**

なぜなら、宇宙としては「あなたの考えをそのとおり」実現するしかないからだ。

あなたは「わたしは世間的な成功がしたい」と考える。わかっているだろうが、創造力は瓶《かめ》のなかの魔法使いのようなものだ。あなたの言葉は命令だ。それは、わかるかな？

それで、どうしてわたしは成功できないんですか？

あなたの言葉は命令だ、と言っただろう。あなたの言葉は、「わたしは成功したい」というものだ。だから、宇宙は「よろしい、あなたは成功したい」と言う。

まだ、よくわかりませんが。

こう考えてごらん。「わたし」という言葉は創造というエンジンをスタートさせるキーだ。「わたし」という言葉は非常に強力だ。宇宙への宣言、命令なのだ。さて、「わたし」という言葉（これは「偉大なるわたし」を呼び出す）は物理的な現実を生じさせる。

したがって、「わたし」＋「成功したい」で、成功したがっているあなたが生まれる。「わたし」＋「もっと金が欲しい」で、金を欲しがっているあなたが生まれる。ほかのものは何も生まれない。なぜなら、考えと言葉は創造につながるから。行動も創造につながるから。だから、あなたが成功したいとか金が欲しいと言い、そのように行動すると、あなたの考え、言葉、行動がそろって、あなたは確実に、その「欲しい」という状態を経験する。わかったかな？

そうなんですか、神さま。こりゃ驚いたな――ほんとうにそんな仕組みになっているんですか？

そのとおりだ！　あなたは非常に強力な創造者だ。もちろん、あなたが考えたり、宣言をしても、それが、たとえば怒りやいらだちのあまりのたった一度のことなら、考えや言葉が現実になるということはないだろう。だから、「くたばってしまえ！」とか「地獄へ落ちろ」というあんまり感心しない考えや言葉については、そう心配しなくていい。

神さま、ありがとうございます。

どういたしまして。だが、ある考えや言葉を何度も何度もくり返したら、一度でなく、二度でもなく何十回、何百回、何千回もくり返したとしたら、その創造力がどれほど大きいか、見当がつくだろうか？

**何度も何度も表明された考えや言葉は、そのとおりに表される。つまり、外部へと押し出される。外部で現実化する。あなたの物理的な現実になる。**

おやおや、困ったな。

そのとおり、困ったことになることが多い。あなたがたは悲しみが好き、ドラマが好きだ。ある段階に達するまでのことだが。発達段階のある時点で、あなたがたはドラマを愛することをやめ、生きてきた「物語」を愛することをやめる。そのとき、あなたがたは、それを変化させようと決心する。変化させたいと思う。だが、どうすれば変化させられるのかわからないひとが多い。あなたはもう知っている。現実を変えるには、いままでのような考え方をやめればいい。

この場合、「成功したい」と考えるかわりに、「わたしは成功している」と考えることだ。

でも、それでは自分を偽ることになります。そんなことを言ったら、自分をからかっているようじゃないですか。わたしの精神は、「ばかを言うんじゃない！」と叫びますよ。

では、あなたが受け入れられる考え方をしなさい。「さあ、いよいよわたしは成功する」とか「すべては成功に導いてくれる」と。

それじゃ、プラス思考というニューエイジの生き方と同じですね。

**プラス思考といっても、真実であってほしいと願うのではうまくいかない。うまくいくのは、真実であるとすでに知っていることを宣言する場合だけだ。**

プラス思考の最高のかたちは、感謝の言葉だ。「人生で成功させてくれてありがとう、神さま」そういう考え、思いを口にし、それに従って行動すれば、すばらしい結果を生む。結果が欲しいからそう言うのではなく、結果がすでに生じているとほんとうにわかっていて口にするのであればうまくいく。

イエスは、はっきりと知っていた。どの奇跡が起こるときにも、彼は奇跡が起こることを前もってわたしに感謝した。感謝しないでいることなど、彼には考えられなかった。なぜなら、彼が宣言することが起こらないなんて思わなかったからだ。そんな考えは、一度も思い浮かばなかった。

彼はほんとうの自分についても、わたしとの関係についても心から確信していたから、思考も言葉も行為も、その確信を反映していた。あなたの思考、言葉、行為があなたの確信を反映しているように……。

**だから、人生で何かを経験したければ、それを「欲しい」と思ってはいけない。それを選びなさい。**

あなたは、世間的な成功を選ぶのか？　もっとたくさんの金を選ぶのか？　よろしい。では、それを選びなさい。なまはんかな気持ちではなく、実際に、思いきり選びなさい。だが、あなたの発達段階であれば、「世間的な成功」にはもう関心がなくなっていても、不思議ではないのだがね。

それは、いったいどういう意味ですか？

どの魂にも、物質的な身体の生存にではなく本質的ないのちの成長に、世間的な成功の達成ではなく自己の実現に主要な関心をもつ発達段階が訪れる。ある意味では、これは非常に危険な時期だ。とくにはじめが危険だ。なぜなら、自分は身体のなかにあるいのちであって、身体そのものではないことに気づくからだ。この段階では、本質的ないのちが充分に成熟するまでは、身体にかかわることはどうでもいいと感じる。魂はようやく「発見された」と興奮してしまう！　精神は身体を捨て、身体にかかわるすべてを捨ててしまう。何もかもが無視される。ほかとの関係も放り出される。家族は消えてしまう。仕事もおざなりになる。請求書の支払いも忘れる。長いあいだ、食事すらしなくなってしまう。本質的ないのちの関心は、魂にかかわることがらだけに向かう。

日々の暮らしのなかでは大きな危機につながりかねないが、精神には何の傷跡も残らない。精神は至福のなかにいる。まわりのひとはあなたが精神に異常をきたしたと言う。ある意味ではそのとおりだ。

本質的ないのちと身体とは何の関係もないという真実が見いだされると、ほかの面でもアンバランスが生まれる。それまでは、身体がすべてであるようにふるまっていたのに、今度は身体はまったくどうでもいいようにふるまう。もちろん、これは真実ではない——まもなく(ときには苦痛のうちに)思い出すはずだ。

あなたは身体、精神、本質的ないのちである霊魂という三つの部分からなる存在だ。地上に生きているあいだだけではなく、いつも三つの部分からなる存在である。

死ぬときには、身体も精神も捨てられる、という説をたてるひとたちがいる。だが、身体と精神は捨てられない。身体はかたちを変え、最も濃厚な部分は捨てられるが、外殻はつねに維持されている。精神(脳と混同しないように)もあなたとともに行き、いのちと身体と一体になって、三つの次元、三つの面をもつエネルギーのかたまりになる。

地上の人生に戻ることを選ぶと、あなたの聖なる自己はふたたび絶対的な次元を離れて身体、精神、本質的ないのちと呼ばれる三つに分かれる。あなたもほんとうはひとつのエネルギーだが、はっきりと区別される三つの性格をもっているのだ。

この地上で新しい物理的な身体に住まおうとすると、あなたの（あるひとたちの言葉を借りれば）エーテル状の身体の振動数が低下し、目に見えないほどの急速な振動から、物質を生じてかたまりになる速度へと落ちる。この「実体」のある物質は、純粋な思考によって創られる。あなたの精神の働きの結果だ。三つの部分からできている存在のなかの高度な精神という面の働きだ。

物質はこの異なる無数のエネルギーがひとつの巨大なかたまりへと凝固したもの――精神によってコントロールできるかたまり――で、じつはあなたの精神が物質を動かす主《あるじ》だ！

この小さなエネルギーの単位がそれぞれのエネルギーを使いはたすと、身体はそれを捨て、精神が新しいエネルギーを創り出す。精神は「自分とは何者か？」と考えつづけることで、そのエネルギーを創っている！　言ってみれば、エーテル状の身体はその思考を「とらえ」、エネルギー単位の振動数を低下させ（「結晶化」させ）、物質にする。新しいあなたという物質である。あなたの身体のすべての細胞は、数年ごとに入れ替わる。あなたは――文字どおり――数年前とは別人なのだ。

あなたが病気について考えると（あるいは怒りや憎悪《ぞうお》、否定を続けていると）、あなたの身体はその思考を物理的なかたちに変える。ひとはこの否定的な病んだかたちを見て、

「どうしたのか（What's the matter?：どんな物質なのか）」と聞く。その問いが、どれほど的確かは知らないだろうが。

魂はこの全ドラマを、毎年、毎月、毎日……毎秒見つめながら、いつもあなたについての真実をもちつづけている。魂は決して青写真を忘れない。もとの設計図を、最初の意図を、創造的な思考を忘れない。魂の仕事は、あなたにその青写真を思い出させること、ほんとうの自分を思い起こさせること、そして、こうありたいと思う自分を選ばせることである。

こうして、創造と経験の循環、イメージとその実現、知ることと未知へ向かっての成長が続く。いまも、そしていつまでも。

すごいな！

そのとおり。説明すべきことはもっとたくさんある。だが一冊の本では語りつくせないし、たぶん一生涯かかっても語りつくせはしないだろう。だが、あなたはそれを始めた。良いことだ。あなたがたの偉大なる教師、ウィリアム・シェイクスピアは言っている。

「天と地には、おまえの哲学では思いもつかないことがまだまだあるのだよ、ホレーショ」と。

それについて、ちょっとうかがってもいいですか？　たとえば、死後、精神はわたしと一緒に行くとおっしゃいましたが、それはわたしの「パーソナリティ」が続くという意味ですか？　死後もわたしは自分が自分であることを知っているのでしょうか？

そう……そして、これまで何者であったかも知っている。すべてが開かれている——そのときになれば、知っていることがあなたにとって利益になるからだ。いまのあなたには利益にはならない。

ではこの人生についてですが、「決算」というか——見なおし——清算はあるんでしょうか？

あなたが来世と呼ぶところでは、審判はない。あなたは自分自身を審判することさえ許されないだろう（この世でのあなたがどれほど自分に批判的で、厳しいかを考えれば、あなたはきっと自分にからい点をつけるだろうな）。

いや、決算はない。「よろしい」とか「だめだ」と言う者は誰もいない。**審判をしたがるのは人間だけだ。あなたがたは自分が審判をしたがるから、わたしもそうに違いないと考える。だが、わたしはそうではない——これは偉大な真実だが、あなたがたには受け入れ**

**られない。**

来世には審判はないが、自分がこの世で考えたり、行ったりしたすべてをもう一度見なおし、自分は何者か、何者になりたいかということに照らしあわせて考えたら、もう一度同じことをするかどうかを判断する機会はあるだろう。

カーマ・ローカと呼ばれる東洋の神秘的な教えがあります。その教えによれば、死ぬとき、ひとは考えたすべてのこと、口にしたすべての言葉、行ったすべてのことを自分の視点からではなく、それによって影響を受けたひとたちの視点から再体験する機会を与えられるのだそうです。言い換えれば、わたしたちは**自分が**考えたり、言ったり、行動したことをどう感じるかは**すでに**体験しているから、今度は相手がどう感じたかを体験するんです。そして、それを物差しとして、自分はもう一度同じことを考え、言い、やるだろうかと判断するんです。どう、思われますか？

この世のあとにあなたの生命に起こることは、あまりにもとっぴで、あなたが理解できる言葉では語れない。なぜなら、その経験はべつの次元のもので、言葉という大きな制約がある道具での表現を受けつけないからだ。だから、苦痛や恐怖や審判なしにもう一度、現在の生を見なおす機会を与えられる、あなたは現世の経験をどう感じるかを判断し、それをもとにどこへ行きたいかを決める、と言えば、それで充分だろう。

あなたがたの多くは、この世へ戻ってこようと決意する。現世の自分をどう判断し、どう選択したかをもとに、この高密度で相対的な世界をもう一度経験するチャンスを得ようとする。

また、少数の者は、それとはべつの使命をもって戻る。ほかのひとをこの高密度の相対的な世界から連れ出すためにだけ戻ってくるのだ。地上にはつねに、そういう選択をしたひとたちがいる。そのひとたちは、すぐにわかる。彼らの仕事は完成している。彼らが地上に戻ってきたのは、ほかのひとたちを助けるためだ。それが彼らの喜びなのだ。それが彼らを昂揚させるのだ。彼らは奉仕することだけをめざしている。

そういうひとたちは、見ればわかる。彼らはどこにでもいる。あなたが考えるよりもたくさんいる。あなたも誰かを知っているかもしれないし、そんな誰かについて聞いたことがあるかもしれない。


わたしは違うのですか?

あなたは違う。たずねなければわからないなら、違うのだ。そのひとたちは、誰にもたずねたりしない。たずねることは何もないのだ。

息子よ、あなたはこの人生ではメッセンジャー、先触れだ。知らせを伝える者、真実を求め、たびたび真実を語る者だ。ひとつの生涯では、それで充分だ。幸せに思いなさい。

ああ、**それは幸せです**。でも、もっと多くを望んでもいいかなと思ったんです！

かまわないとも！ あなたは多くを望むだろう！ あなたはつねに、さらに多くを望むだろう。そういう性格だから。つねに多くを求めるというのは、聖なる性質だ。だから求めなさい。そう、ぜひとも求めなさい。

さて、この章のはじめであなたがたずねた質問に、はっきりした答えをあげよう。あなたがほんとうにしたいことを、どんどんしなさい！ ほかのことをしてはいけない。もう、あまり時間はない。生活のためにしたくもないことをして、人生の時間をむだにしようなどと、どうして考えるのか？ そんな人生が何だというのか？ そんなのは生きているのではなく死んでいるのだ！

あなたが「しかし、しかし……わたしには扶養しなければならない者がある……食べさせなければならない子供がいる……わたしを頼っている配偶者がいる……」と言うなら、答えよう。人生とは身体がしていることだと主張するなら、あなたはどうしてこの世に生をうけたのかを理解していない。少なくとも、楽しいことをしなさい。それなら、あなたが何者であるかを語ることになるから。

そうすれば、少なくとも、ひとを恨んだり、怒りを感じたりしなくてすむ。

過小評価することはない。大切なことだから。だが、あなたが思っているような意味で、大切なのではない。身体の行動は、存在のある段階を達成しようとする魂の試みではなく、存在のある段階を反映しているだけだ。

真の秩序のなかでは、幸せになるために何かをするのではない。幸せだから、何かをする。共感するために何かをするのではなく、共感しているから、優しい行動をとる。高い意識をもったひとの場合には、魂の決定が先で、そのあとに身体の行動がくる。無意識な人間だけが、身体の行動を通じて、魂のある段階を生み出そうとする。これが、「あなたの人生は、身体がすることではない」という言葉の意味だ。だが、あなたの身体がすることはあなたの人生の反映である、というのは真実である。

これはもうひとつの聖なる二分法である。

ほかのことは理解できなくても、つぎのことだけは覚えておきなさい。

あなたがたには楽しむ権利がある。子供があろうとなかろうと、配偶者がいようといまいと、楽しみを求めなさい！　楽しみを見いだしなさい！　金があってもなくても、楽しい家庭はできる。もし、家族が楽しくなくて、あなたを捨てて出ていこうとしたら、家族が自らの楽しみを求められるよう、愛情をもって手放してやりなさい。

いっぽう、身体にかかわることに関心がなくなる段階にまであなたが発達しているとしたら、天国と同じように地上でも、もっと自由に楽しみを求めることができる。神は幸福になるのは良いことだと言う——そう、仕事においても幸福になっていい。

あなたのライフワークは、「自分が何者であるか」を宣言することである。そうでなければ、どうしてライフワークなのか？　あなたは、何かをしなければならないと思っているのか？

**しなければならないことは何もない。**

「どんな犠牲を払ってでも、自分の幸福を捨ててでも、家族を支える男」があなたであるなら、自分の仕事を愛しなさい。なぜなら、**仕事が自己の生きた表現になるから。**

「責任を果たすためにいやな職業についている女性」があなたであるなら、その職業を愛して、愛して、愛しなさい。それがあなたの自己イメージをしっかりと支えてくれるから。

誰でも、自分がなぜ、何をしているかを理解すれば、何でも愛することができる。

**誰も、自分がしたくないことはしない。**

# 13

いまぶつかっている健康上の問題はどうすれば解決できますか？　三回、生きても足りないほど、さまざまな慢性的な症状に苦しめられているんです。どうして——この生涯で——何もかもいっぺんに背負いこんでしまったんでしょう。

まず、ひとつはっきりさせておこう。あなたは病気を愛している。とにかく、その大半を愛している。自分を憐れんだり、自分に注意を向けるために、病気を利用してきたのだ。珍しく病気を愛していないことがあれば、それは病気が進みすぎたからである。病気を創り出したとき予想した以上に、ひどくなってしまったからだ。

たぶんもうわかっているだろうが、ひとつはっきりさせておこう。すべて、病気は自分で創り出している。いまでは、頭のかたい医師たちにさえ、ひとが自分で自分を病気にしていることがわかってきた。

ほとんどのひとは、まったく無意識に病気を創り出している（自分が何をしているかさえ、気づいていない)。だから病気になったとき、何にやられたのかわからない。自分でしたのではなく、よそから何かが降ってきたように感じる。

そんなことになるのも、ほとんどのひとが——健康上の問題だけでなく——人生を無意識に生きているからだ。

ひとはタバコを吸っていながら、どうしてガンになったのかといぶかる。

ひとは動物性食品や脂肪をとっておきながら、どうして動脈硬化になったのかといぶかる。

ひとは一生怒りつづけながら、どうして心筋梗塞《こうそく》になったのかといぶかる。

ひとは——信じられないほどのストレスに耐えて、過酷な——競争をしながら、どうして発作が起こったのかといぶかる。

それほどはっきりはしていないが、心配のあまり死ぬひとも多い。

心配というのは、最悪の精神活動のひとつだ。非常に自己破壊的な憎悪のつぎに悪い。心配は何の役にもたたない。精神的エネルギーの浪費だ。それどころか、身体を傷つける生物化学的反応のもとで、消化不良から冠動脈血栓《けっせん》にいたるまで、さまざまな障害を引き起こす。

心配するのをやめれば、すぐにも健康状態は良くなる。

**心配するのは、「わたし」とのつながりを理解していないからだ。**

憎悪はいちばん破壊的な精神状態である。憎悪は身体を毒する。そうなると、もとに戻すことはできない。

不安は、あなたのあらゆるものと対立する。あなたの精神的、肉体的健康に悪影響を及ぼす。**不安は増幅された心配である。**

心配、憎悪、不安は——さらに、これらから生まれる気がかり、苦々しさ、短気、貪欲《どんよく》、不親切、批判、非難なども——すべて、細胞レベルで身体を攻撃する。そうなったら健康を保つことは不可能だ。

同じく——程度の差はあるが——うぬぼれ、わがまま、欲張りも肉体的な病気につながる。あるいは快適さを損なう。

病気はすべて、まず精神のなかで創られる。

でも、どうしてそんなことがあるでしょうか？　ひとから感染する病気はどうなんですか？　風邪とか——それにエイズも？

あなたの人生では、何もかもまず思考から生まれる、そうでないものは何もない、と言ったはずだ。考えは磁石のようなもので、結果を引き寄せる。考えはいつもはっきりしているとは限らないから、たとえば、「わたしはひどい病気にかかる」と考えて病気になるというほど、因果関係ははっきりしていない。それよりも（ふつうは）もっと微妙だ

（「わたしなんか生きている資格はないんだ」「わたしの人生はいつもめちゃくちゃだ」「わたしは敗北者だ」「神さまの罰があたりそうだ」「わたしは具合が悪い、人生にうんざりしている！」）。

思考は微妙なものだが、エネルギーのかたちとしては強力だ。言葉はそれほど微妙ではなく、もっと密度が高い。いちばん密度が高いのは行動だ。行動は物理的な重いかたちで重い動きをしているエネルギーである。あなたがたとえば「わたしは敗北者だ」と否定的なことを考え、言葉にし、行動しているとき、すさまじい創造のエネルギーが動いている。風邪で倒れるのも不思議ではない。それくらいはましなほうだろう。

否定的な思考の効果がいったん物理的なかたちをとってしまうと、逆転させることはむずかしい。不可能ではないが、きわめて困難である。そのためにはとても強い信念にもとづく行動が必要だ。宇宙の前向きの力に対するとほうもない信念がいる――その力を神と呼んでもいいし、女神、ゆるぎない動かし手、至高の力、最初の原因などと呼んでもかまわないが。

病を癒す癒し手は、そんな信念をもっている。神の世界の知への境界を超えるのはその信念だ。癒し手は、たったいまのあなたが、欠陥のない完璧な存在であるべきことを知っている。その知はまた思考でもある。非常に強力な思考だ。山をも動かす力がある。ましてや、あなたの身体の分子などは簡単に動かす。だから癒し手は、時には遠くからでも癒すことができる。

思考に距離はない。思考は、言葉が口に出るより速く世界をまわり、宇宙を旅する。

「ただ、お言葉をいただかせてください。そうすれば、私のしもべは癒されますから」と聖書にある。そのとおり、その瞬間、最後の言葉が終わる前に病人は癒されている。こう語った聖書の百人隊長はそれだけの信念をもっていた。

だが、あなたがたはみな精神的ハンセン病患者だ。精神が、否定的な考えにむしばまれている。否定的な考えの一部はあなたに突き刺さる。あなたがたは多くの否定的な考えをいだき――呼び寄せ――何時間も、何日も、何週間も、何か月も、ときには何年も、もてあそびつづける。

……そうしておいて、なぜ病むのかといぶかる。

「健康上の問題を解決」するには、考え方の問題を解決すればいい。すでにかかった（招いた）ものでも、癒すことができるし、新しい大きな問題が生じるのを予防することもできる。要は考え方を変えればいいのだ。

それに――神である「わたし」が言うのも変なのだが――**神かけてたのむから、もっと自分を大切にしなさい。**

あなたは、具合が悪くなるまでは、自分の身体をないがしろにしている。何も予防をしない。身体よりも自家用車のほうを大事にしているくらいだ。もっとひどいかもしれないな。

年に一度、定期検診を受ければ病気で倒れるのを予防できるのにそれもせず、教えられた療養法をまもらず、薬を服用せず（どうして医師のもとへ行って助けてもらいながら、医師の言うことを聞かないのか？　それだけでも、返事ができるかな？）、医者にかかっていないときには身体を虐待する。

運動をせず、さらに身体を弱くする。

有害物や毒物、あるいは食物と称されているとんでもない物質で身体をいっぱいにする。

それでも、身体というすばらしいエンジンは動きつづける。そんなひどい目にあいながら、がんばってなんとか動きつづけている。

ひどいものだ。あなたが身体を酷使しているさまはほんとうにひどい。しかも、身体のためになることはほとんどしない。これを読んで、あなたはそのとおりと後悔してうなずくだろうが、またすぐにもとに戻ってしまう。その理由がわかるだろうか？

たずねるのが怖いですね。

なぜなら、あなたには**生きようという意思がない**からだ。

それはまた、厳しい告発だな。

厳しくもないし、告発でもない。「厳しい」というのは相対的な言葉で、あなたがそう判断しているだけだ。「告発」というのは罪を、「罪」は悪事を意味する。だが、この問題は悪事とは関係ないから、罪とも告発とも関係ない。

わたしはただ、真実を言っただけだ。真実をついた言葉は、ひとを目覚めさせる。けれど、目覚めさせられるのがいやなひともいる。ほとんどのひとがそうだ。眠っているほうが良いのだ。

世界がいまのようになったのは、夢遊病者だらけだからだ。

わたしの言葉のどこが真実でないというのか？　あなたには生きようという意思がない。少なくとも、いままではなかった。

あなたが「一瞬のうちに回心《かいしん》した」と言うなら、あなたがまた身体を虐待すると言うのはよそう。さっきああ言ったのは、いままでがそうだったからだ。

……それに、あなたの目を覚まさせるためでもある。眠りが深いと、ゆすぶってやらなければ起きないことがあるから。

これまで、あなたはほとんど生きる意思をもっていなかった。そんなことはないと言うかもしれないが、行動を見ればはっきりわかる。

タバコに火をつけたことがあるなら――まして、あなたのように二〇年ものあいだ、毎日一箱吸いつづけている者は――生きる意思などほとんどない。自分の身体を少しもいたわっていない。

でも、一〇年前に禁煙しましたよ！

二〇年も身体を痛めつけたあとで、だろう。それに、酒を飲んだことがあれば、やはり生きる意思などほとんどないのだ。

でも、酒はほどほどにしか飲んでません。

身体はアルコールを摂取するようにできていない。アルコールは精神を損なう。

でも、**イエス**もアルコールを口にしたではありませんか？　結婚式に出かけて、水をワインに変えましたよ！

イエスが完全であると誰が言ったのかね？

神さま、そんな。

おやおや、わたしがいやになったかな？

**神さまがいやになる**なんて、とんでもありません。それは無礼だ、そうではありませんか？　でも、おっしゃることはちょっと極端じゃないでしょうか。父はよく「すべてはほどほどが良い」と言っていました。アルコールについては、父の言うとおりだと思っていましたよ。

ほどほどの虐待なら、身体はたやすく立ちなおれる。だから、お父さんの言葉はあたっている。だが、さっきの言葉は撤回しないよ。身体はアルコールを摂取するようにできていないのだ。

でも、薬のなかにもアルコールが入っているのがありますよ！

あなたが何を薬と呼ぼうと、わたしにはどうすることもできない。ただ言うべきことを言うだけだ。

あなたはほんとうに頑固ですね、そうじゃありませんか？

よいか、真実は真実だ。誰かが「多少のアルコールは害にならない」と言ったとして、あなたのいまの生活にあてはめれば、そのとおりだろう。だからといって、わたしの言葉が真実であることに変わりはない。あなたがわたしの言葉を無視してもいいと思うだけだ。だが、こう考えてごらん。あなたがた人間はいま、だいたい五〇年か八〇年で身体を使いはたしてしまう。それより長もちするひともいるが、多くはない。もっと早くだめになるひともいるが、そう多くはない。そうではないか？

ええ、そのとおりです。

よろしい。議論の出発点としては、たいへんけっこう。さて、わたしが「多少のアルコールは害にならない」という言葉に同意すると言ったのには、「あなたのいまの生活にあてはめれば」という条件がついていた。あなたがたは、いまのような生活に満足している。だが、驚くかもしれないが、人生は本来、まったく違ったもののはずだった。あなたがたの身体はもっともっと長くもつはずだった。

そうなんですか？

そう。

長くって、どれくらいですか？

はてしなく長く。

それは、どういう意味ですか？

息子よ、あなたがたの身体は永遠にもつように創られたという意味だよ。

永遠に？

そう。「いつまでも」ということだ。

それじゃ、わたしたちはいつまでも死なないはずだとおっしゃるんですか？

あなたがたは決して死なない。生命は永遠だ。あなたがたは不死だ。決して死なない。

ただ、かたちを変えるだけだ。本来は、それすらも必要はなかった。かたちを変えると決めたのはあなたがたで、わたしではない。わたしはあなたがたの身体をいつまでももつように創った。あなたはほんとうに、神が最善をつくしても六〇年か七〇～八〇年で壊れるような身体しか創れないと考えるのか？　その程度が、わたしの能力の限界だと思っているのか？

そんなふうには考えたことがありませんでした、だけど……。

わたしはあなたがたのすばらしい身体が永遠にもつように創った！　そして、最初の人間たちは文字どおり苦痛のない身体のなかで、いま死と呼ばれているものへの不安もなしに、生きていた。

あなたがたの細胞が記憶している最初の人類は、神話のなかでアダムとイヴと呼ばれている。もちろん、最初の人類は二人だけではなく、もっとたくさんいた。

はじめ、あなたがたのすばらしい魂は、物質的な身体のなかで、相対的な世界で得られる経験を通して、真の自己を知る機会を得ることになっていた。それは、何度も説明したとおりだ。

そこで物質を創るために、猛スピードの振動（考えのかたち）の速度が落とされた――そうやって創られた物質のなかには、あなたがたが物質的な身体と呼ぶものも含まれている。生命は、あなたがたが何十億年と呼ぶ一瞬のあいだに、一連の段階を通って発達した。そして、聖なる瞬間がやってきて、あなたがたは海という生命の水から陸地へ上がり、いまのようなかたちをとるようになった。

それじゃ、進化論者は正しいんですね！

あなたがた人間は、何でもかんでも、正しいか間違っているかを決めずにはいられない。見ているとじつにおもしろいな。まったく、いつ見てもおもしろいよ。あなたがたは、物質や自分自身を定義するのに役立てようとして、正しいとか間違っているというレッテルをこしらえているのだとは、思いつかない。

あなたがたは（特別にすぐれた精神をもつひとたち以外は）、ものごとは正しいと同時に間違っていることもあるとは考えない。正しいか、間違っているかというのは、相対的な世界でのことにすぎないのに。絶対の世界、時間のない世界では、どんなふうにもなる。男性も女性もないし、以前も以後もなく、早いも遅いも、ここもあそこも、上も下も、左も右もない——正しいも間違っているもない。

宇宙飛行士はそれを感じた。彼らはロケットで宇宙にのぼっていくのだと思ったが、宇宙で気づいてみれば、地球を見上げていた。それとも、地球を見下ろしていたのかもしれない！　それでは、太陽はどちらにあっただろう。上か、下か？　そうではない！　左側にあったのだ。そこで、ものごとは突然に、上でも下でもなくて、横になった……すべての定義が消えたのだ。

それがわたしの世界――わたしたちの世界――真実の領域だ。すべての定義は消え、明確な言葉でその領域を語ることさえ困難になる。

**宗教というのは、言葉にならないものを語ろうという、あなたがたの試みだ。だが、あまりうまくいっていないね。**

息子よ、進化論者は正しくない。わたしはすべてを――何もかもを――一瞬のうちに創った。聖なる一瞬に――天地創造論者の言うように。そして……あなたがたの言う歳月で言えば、何十億年もかかって進化の過程をたどってきた。進化論者が主張するように。

**彼らはどちらも「正しい」。聖なる一瞬／何十億年、どんな違いがあるのか？**　生命の問題については、解くことができない大きな謎もあるとすなおに思うことはできないのか？　どうして、謎を聖なるものとしておけないのか？　どうして、聖なるものは聖なるものとして、そっとしておけないのか？

きっと、わたしたちはみな、飽くことのない知識欲の持ち主なんでしょうね。

だが、あなたは「もう知っているではないか！」。いま、「話した」ばかりではないか！それでもあなたはほんとうの「真実」ではなく、**「自分が理解できる真実」**を知りたがる。だから、あなたがたの目は開かれない。あなたがたは、すでに真実を知っていると思っている！　真実がどのようなものか、もう理解していると思っている。そこで、見聞きし、読んだことで、自分が理解できるパラダイムにあてはまることには同意し、あてはまらないことは受けつけない。それが学ぶことだと思っている。それで、教えに対して心を開いていると思っている。しかし自分にわかる真実以外は受けつけないのでは、教えに対して心を開いているとは言えない。

したがって、この本は一部のひとからは冒瀆だと――悪魔のしわざだと――言われるだろう。

聞く気のある者はよく聞きなさい。あなたがたは、決して死ぬはずではなかった。あなたがたの物理的なかたちは、すばらしく便利なものとして創られた。精神によって創り出した現実を経験できる栄光ある乗り物、魂のなかで創造した自己を知るために創られたすばらしい道具だった。

魂が思いをいだき、精神が創造し、身体が体験する。これで循環は完結する。魂は自らの体験のなかで自分を知る。経験したこと（感じたこと）が気に入らなければ、または何らかの理由でべつの経験をしたければ、新しい自己の経験について思いをいだき、文字どおり精神を（心を）入れ替えればいい。

まもなく、身体は新しい体験をしているのに気づくだろう（「わたしは、よみがえりです。いのちです」という言葉は、このすばらしい実例だ。それにしても、イエスはどんなふうにして、よみがえったと思うか？　それとも、復活を信じないのか？　信じなさい。復活は起こった！）。

そうは言うものの、魂は決して身体や精神の意向を無視することはない。

自己の三つの面は完全に平等だ。それぞれに働きがあるが、どの働きもほかより大きくはないし、ほかの働きより上位にあるものもない。すべては同等だし、関連しあっている。

思いをいだき――創造し――体験する。あなたは思いをいだいたことを創造し、創造したことを体験し、体験はまた思いになる。

だから、身体が何かを（たとえば、豊かさを）体験するようにしむければ、まもなく魂がそれを感じ、それが（豊かだという）新しい考えを生んで、あなたの精神が新しい考え方をするようになる、と言ったのだ。新しい考え方からさらに経験が生まれ、身体は新しい現実を永遠の在り方として生きるようになる。

あなたの身体、精神、霊魂（本質的ないのち）はひとつである。その意味で、あなたはわたしの小宇宙《ミクロコスモス》――聖なる全体、聖なるすべて、総和であり実体である。これで、わたしがすべてのはじめで終わり、アルファでオメガであることがわかっただろう。

さて、究極の謎を説明してあげよう。あなたとわたしとのほんとうの関係である。

**――あなたはわたしの身体である――あなたの身体は精神と魂のためにあり、あなたはわたしの精神と魂のためにある。したがって……。**

**わたしはすべてを、あなたを通して経験する。**

あなたの身体、精神、霊魂がひとつであるように、わたしもひとつである。だから、この謎を理解して、「わたしと『父』はひとつである」と言ったナザレのイエスは変わることのない真実を語ったのだ。

さて、これよりももっと大きな真実があるが、いずれあなたはそれを知るだろう。あなたはわたしの身体であるが、わたしもまた、ある者の身体だからだ。

では、あなたは**神ではない**のですか？

いや、わたしは、あなたがいま理解している神であり、女神である。わたしは、あなたがいま知って経験しているすべてを考え出し、創造した者であり、あなたはわたしの子供である……だが、わたしもべつの者の子供である。

では、神にも神がいるとおっしゃるのですか？

究極の現実についてのあなたの概念には、あなたが思っている以上に限界があり、真実はあなたが思う以上に限りない。

わたしがあなたにのぞかせたのは無限の――無限の愛の――ほんの一部でしかない（もっとのぞかせても、あなたにはわからないだろう。いまでさえ、ほとんど把握できないのだから）。

ちょっと待ってください！　それでは、ここでわたしがお話ししているのは神ではないとおっしゃるのですか？

あなたが神を自分の創造者、主人として考えているなら――あなた自身が自分の身体の創造者であり主人であるのだが――わたしは神である。それは、もう言った。そして、あなたはわたしと話している。なかなか楽しい対話だ、そうではないかな？

楽しいかどうかはともかく、わたしはほんとうの神と話していると思っていました。神のなかの神です。トップ、ボスですよ。

そのとおりだ。わたしを信じなさい。あなたは神と話している。

だが、あなたは、このものごとの秩序のなかで、あなたの上に誰かがいると言われる。

わたしたちはいま、不可能なことを試みている。つまり、語りえないことを語ろうとしている。前にも言ったように、宗教が求めているのはそれだ。なんとか、要約できないかやってみようか。

永遠はあなたが知っているより長い。久遠《くおん》は永遠よりも長い。神はあなたの想像を超えている。想像は、神を超えている。神はあなたがイマジネーションと呼ぶエネルギーである。神は創造である。神は最初の考えである。そして神は最後の経験である。そして神はその間のすべてである。

あなたは、高性能の顕微鏡をのぞいたり、分子の運動の写真や映像を見たときに、「これはすごい、ここには宇宙全体がある。その宇宙をわたしがこうして眺めているなんて、まるで神になったような感じだ!」と思ったことがあるのではないか。そんな経験はないか?

ありますよ。きっと、誰でもあるんじゃないかな。

そのとおり。そのときあなたは、ここでわたしが説明していることの一部を垣間見たのだ。

さらに、あなたが垣間見た現実には決して終わりがないと言ったら、どうするかな？

説明してください。そのことを、もっと説明してください。

あなたが想像する宇宙のいちばん小さな部分を考えてごらん。小さな、小さな物質のかけらを想像してごらん。

はい。

それを二つに割ってごらん。

はい。

どうなったかな？

さらに**小さなもの**が二つできました。

まさにそのとおり。ではそれをまた二つに割ってごらん。**さあ、どうなった？**

もっと小さなものが二つできました。

そう。それをもう一度、さらにもう一度くり返してごらん！　さあ、何が残った？

うんと小さなかけらです。

そう。だがどこで「止まる」だろう？　何度割ったら、それは存在しなくなるだろう？

わかりません。きっと、いつまでも存在しつづけるんじゃないですか。

つまり、完全に壊してしまうことはできないと思うのだね？　できるのは、かたちを変えることだけだと？

そのようです。

このことを言っておこう。あなたはいま、すべての生命の秘密を学んだのだ。無限を見たのだ。

さて、わたしからたずねたい。

ええ……。

無限は一方向にしか働かないと、どうして考えるのか?

それは……上に向かっていっても限りはないのでしょう。下に限りがないのと同じように。

上も下もない。だが、あなたの言いたいことはわかる。

でも、小ささに限りがないのなら、大きさにも限りがないのでしょう。

そのとおり。

大きさに限りがないのなら、**最大**というのはありませんね。つまり、最も大きな意味では、**神もないんだ！　あるいは――すべてが神であって、ほかに何もない**のかもしれない。

このことを言っておく。**わたしはわたしである。あなたはあなたである。**あなたは、それ以外ではありえない。あなたは思うとおりにかたちを変えることができるが、しかし自分でなくなることはできない。だが、自分が何者かを知らないことはありうる。そして、自分を知ることに失敗すれば、自分の半分しか経験できない。

それが地獄なのでしょう。

そのとおり。だが、「地獄の判決」を受けたわけではない。そこへ永遠に追放されたわけではない。「地獄」から抜け出すには――無知から抜け出すには――ふたたび知りさえすればいい。

それが可能になる方法も場所（次元）もたくさんある。

いま、あなたはその次元のなかのひとつにいる。あなたがたの理解では、三次元と呼ばれているところだ。

それでは、もっとほかにもあるんですか？

わたしの王国にはたくさんの館《やかた》があると言わなかったか？　もしなければ、そうは言わなかっただろう。

それでは、地獄は――ほんとうには――ないんですね。つまり、永遠に追放されてしまう場所とか次元はないんですね！

そんなものがどうして必要なのかね？

だが、そのときに知っていることの限界が、あなたがたを制約する。あなたは――わたしたちは――自分を創造する存在だからだ。

自分の知らない自己になることはできない。

だから、経験によって自分を知ることができるようにと、この人生を与えられたのだ。そうすれば、ほんとうの自分を思い描くことができ、その自分を経験のなかで創造することができ――そして、ふたたび循環ができあがる……ただ、その循環は前のよりももっと大きい。

あなたは成長するプロセスにある――なりゆく過程にある。

あなたがなりゆくものには、何の制約もない。

それでは、わたしは何にでも――思いきって言うならば――神にも……あなたのようにも、なれるとおっしゃるのですか？

あなたは、どう考える？

わかりません。

それがわかるまでは、あなたは神にはなれない。三角形を、聖なる三位一体《さんみいったい》を思い出しなさい。霊魂と精神と身体。思うことと創造することと経験。あなたがたのシンボルを使って、思い出しなさい。

**聖霊はインスピレーションであり、思い描くこと。**
**父は親であり、創造すること。**
**息子は子孫であり、経験すること。**

息子は、父である考えの創造物を経験する。その考えは聖霊によって思い描かれたものである。

いつか、自分が神になると思い描くことができるかな？

思いきって大胆に考えれば。

よろしい。では言っておこう。**あなたはすでに神である。ただ、それを知らないだけだ。**

わたしは、「汝《なんじ》らは神である」と言わなかったか？

# 14

さて、わたしはすべてを説明した。生命について。生命がどう働くかについて。その理由と目的について。ほかに何をしたらいいのかな?

もう、おたずねすることは何もありません。この信じられないような対話に心から感謝しています。ほんとうに深くて、大きな対話でした。それから、最初の質問なんですが、はじめの五つはすみましたね。人生と関係とお金とキャリア、健康についての質問です。ご存じのとおり、質問表にはほかの質問もありました。でも、いままでの対話で、その質問はどうでもよくなったようですが。

そのとおり。だが、せっかくたずねたのだ。残りの質問にも急いで答えてしまおう。この材料は、もうほとんど終わりかけているから——。

材料って？

あなたに見せてあげようと、ここに持ってきた材料だ――さて、その材料は、もうほとんど終わりかけているから、残りの質問もさっさと片づけようか。

⑥わたしがこの世で学ぶべき因果《カルマ》の教訓は何なのでしょうか？　わたしは、何を克服しようとしているのでしょうか？

この世で、あなたは何も学んでいない。学ぶものは何もない。あなたはただ、思い出しているだけだ。つまり、わたしを思い出しているのだ。

何を克服しようとしているか？　克服しようとすること自体を克服しようとしているのだ。

⑦輪廻転生《りんねてんしょう》ということはあるんでしょうか？　わたしは過去に何度くらい生まれ変わったのでしょうか？　過去の生でわたしは何だったのでしょうか？　「因果応報」というのは現実なのですか？

まだ、その質問が出るとは、信じがたい。想像もしにくいな。過去世の経験について、充分に信頼できる情報源からの報告がたくさんあるではないか。驚くほど詳しく昔の出来事を説明しているひとたちもいる。そういうデータを見れば、そのひとたちが研究者や愛する者をだますために話をでっちあげたとは思えないだろうに。

正確な回数を知りたいというなら、あなたは過去に六四七回、生きている。これは六四八回めの人生だ。あなたは過去にすべてを経験した。王、女王、農奴《のうど》。教師、生徒、主人。男性、女性。戦士、平和主義者。英雄、臆病《おくびょう》者。殺人者、救済者。賢者、愚者。あなたは、そのすべてだった！

いや、あなたがたずねているような意味では、因果応報、因果《カルマ》の債務ということはない。債務というのは、返済し、償いをしなければならないということだ。**だが、あなたには、何も義務はない。**

しかし、あなたがしたいと思うことはある。選びたい経験はある。場合によっては、以前に経験したことにもとづいて選択をする。以前に経験したことから欲求が生まれる。

あなたが言う因果応報、因果《カルマ》に近いことと言えば、それだろう。因果《カルマ》が、良くなりたい、大きくなりたい、発達し成長したいという内的欲求をさすのであれば、そしてその物差しとして過去の出来事や経験を眺めるということであれば、因果《カルマ》は存在する。

**だが、それは何かを要求するものではない。要求されることは何もない。あなたは、これ**

**までもこれからもつねに、自由な選択をする存在である。**

⑧ときどき、自分が超能力者のような気が強くするんです。「超能力者」というのはいるんでしょうか？　わたしがそうなのですか？　超能力者だと主張するひとたちは、「悪魔と交流」しているんですか？

超能力者は存在する。あなたもそのひとりだ。誰でもそうだ。超能力と呼ばれるものをもっていないひとは誰もいない。ただ、使わないひとがいるだけだ。超能力を使うのは、第六感を使うのと同じことだ。

もちろん「悪魔と交流」しているのではない。そうでなければ、わたしがそのような能力を与えるはずがない。交流する悪魔なんかいない。

いつか——たぶん、二冊めの本で——超能力エネルギーはどんなふうに働くか、超能力とはどんなものかを説明してあげよう。

それでは、二冊めができるんですか。

そう。だが、まず一冊めを完成させよう。

⑨良いことをしてお金をもらってもいいのでしょうか？　たとえばこの世でひとを癒す仕事を選んだとして——これは神の業ですね——その仕事で金持ちになってもいいのでしょうか？　それともこの二つは両立しないんでしょうか？

それには、すでに答えている。

⑩セックスはいいことですか？　この人間体験の陰にあるほんとうの物語とはいったい何なんでしょう？　一部の宗教で言われるように、セックスは純粋に生殖のためのものなんですか？　真のきよらかさと悟りは、性的エネルギーの否定——あるいは昇華——を通じて達成されるのですか？　愛情のないセックスをしてもいいのでしょうか？　肉体的な感覚だけを目的にセックスをしてもいいのでしょうか？

もちろん、セックスは「いいこと」だ。もう一度言うが、あなたがたにゲームをさせたくなければ、玩具を与えるはずがない。あなたは遊ばせたくない玩具を子供に与えるだろうか。

セックスで遊びなさい。遊ぶがいい！　非常におもしろい遊びだ。肉体的経験ということでは、身体によって得られる最もおもしろい遊びだ。

だが、頼むから性的な無邪気さや喜び、純粋なおもしろさ、楽しさを、セックスを誤用することで破壊しないでもらいたい。力を得るため、隠れた目的のためにセックスを使ってはいけない。自我を満足させるためや支配するために使ってはいけない。純粋な喜びと高度なエクスタシーを与え、分けあうという目的以外に使ってはいけない。

それが愛であり、再創造された愛とは、新しい生命だから！

あなたがたを増やすために、とても甘美な方法を選んだとは思わないかね？

否定については、前にもふれた。聖なるもので、否定によって得られるものは何もない。

だが、より大きな現実が見えてくると、欲求は変化する。だから性的活動への欲求が減少したり、なくなったりしても、不思議ではない。その点では、身体的活動のすべてがそうだ。一部のひとにとっては、魂の活動がいちばん大事であり、ずっと楽しいのだ。

ひとはそれぞれであり、批判はいらない。それがモットーだ。

あなたの質問の終わりの部分に対する答えは、こんなふうになる。何をするにしても、理由はいらない。ただ、ものごとを起こす原因（もと）になりなさい。

経験の原因（もと）になりなさい。

経験は概念を生み、概念は創造を生み、創造は経験を生むことを覚えておきなさい。

愛のないセックスをする人間としての自分を経験したいか？　それなら、そうしなさい！

もういやだと思うまで、実行すればいい。どんな行動でも止めるのは、新しく違う自分になりたいと思ったときである。

簡単だが、けっこう複雑かもしれないな。

⑪誰もができるだけ、セックスから離れているべきだとしたら、どうして、セックスをあれほどすばらしく、めざましく、力強い人間体験になさったんですか？ どうしてなのですか？ だいたい、楽しいことはみんな「不道徳か、違法か、太るもと」というのは、なぜなんですか？

この質問の終わりの部分の答えも、いま言ったことだ。楽しいことはすべて、違法でもないし、太るもとでもない。だが、あなたの人生は、楽しいとは何かを定義する興味深い試みである。

あるひとには、「楽しい」とは、身体的感覚を意味する。だがべつの者には、まったく違うことを意味するかもしれない。すべては、自分を何者と考えるか、この世で何をするかによって決まる。

セックスについて言うべきことは、まだまだある——だが、本質的なのは、セックスは喜びだということだけだ。あなたがたの多くは、セックスを喜ぶどころか、それ以外のすべてを感じても、喜びだけは感じないでいる。

そう、セックスはまた、聖なるものでもある。喜びと聖なるものは混じりあう（じつは同じものだ）。だが、あなたがたの多くはそうは思っていない。

あなたがたのセックスに対する態度は、人生に対する態度の小宇宙である。人生は喜びであるべきだし、祝福であるべきなのに、恐怖や不安、「不足感」、嫉妬、怒り、悲劇の経験になってしまっている。同じことが、セックスについても言える。

あなたがたはセックスを抑圧している。喜んで豊かに自己を表現するどころか、セックスを抑圧し、人生さえ抑圧している。

あなたがたはセックスを恥じる。人生すら恥じて、最高の贈り物、最大の喜びどころか、邪悪なものだという。

人生を恥じてはいないと抗議する前に、あなたがたの集団的な態度を見るがいい。世界のひとびとの八割は人生を試練、苦難、試される時、因果《カルマ》のつけを払うべき時、厳しい教えを学ばなければならない学校だと思っている。死後にあるほんとうの喜びを待っているあいだ、耐えしのぶ場だと思っている。

こんなに多くのひとたちがそう考えているなんて、恥ずかしいことだ。だから、生命を創造する行為を恥ずかしがっても不思議ではない。

セックスを支えるエネルギーは、人生を支えている。それが生命だ！　互いに感じる魅力、相寄ってひとつになりたいという激しい切実な欲求は、生きているものすべての本質的なダイナミズムだ。わたしは、それをすべてに組みこんだ。「存在するすべて」に生まれつき備わった、本質的なものだ。

あなたがたがセックスのまわりに(それに愛のまわり、生命すべてのまわりに)築いた倫理規範、宗教的制約、社会的タブー、習慣のせいで、自分の在り方を祝福できなくなっている。

時のはじめから、すべての人間は愛し、愛されたいと望んできた。時のはじめから、ひとは愛し愛されることを可能にするため、力の限り、あらゆることをしてきた。セックスは大いなる愛の表現である。他者への愛、自分への愛、生命への愛の表現だ。だから、あなたがたはセックスを愛すべきだ!(じつは愛している——ただ、口にできないだけだ。どれほど愛しているかを見せられない。見せれば、変質者と言われるから。そういう考えのほうが変質的なのだ)

つぎの本では、セックスについてもっと詳しくとりあげよう。セックスのダイナミズムをもっと詳しく探ろう。世界中のひとにとって大きな意味をもつ経験であり、課題だから。いまのところは——そして、あなた個人は——これだけを知っておけばいい。

**わたしはあなたがたに恥ずべきことは何も与えていない。ましてあなたの身体や身体の機能を恥ずかしがることはない。身体や身体の機能を隠す必要はない。身体や身体の機能への愛も、互いへの愛も隠す必要はない。**

あなたがたのテレビ番組は、裸の暴力を見せることは何とも思わないのに、裸の愛を見せることは恐れている。あなたがたの社会全体が、その優先順位を反映している。

⑫ほかの星に生命体はいるのですか？　異星人が地球を訪れたことはあるんですか？　いまも、わたしたちは観察されているのですか？　わたしたちが生きているうちに、べつの星に生命体があるという――反論しようのない、決定的な――証拠を見ることはあるのでしょうか？　それぞれの生命体はそれぞれの神をもっているのですか？　あなたはすべての神なのですか？

最初の部分についてはイエスだ。第二の部分についてもイエスだ。第三の部分についてもイエスだ。だが第四の部分については答えられない。答えれば、未来を予言することになる――わたしは予言はしない。しかし、二冊めの本で、未来と呼ぶものについて詳しく語ろう。そして、三冊めの本では、地球外の生命体と神の性格について語ろう。

これは驚いたな。三冊めの本もできるんですか？

概要をここで示しておこうか。

一冊めの本には、基本的な真実、基本となる理解が盛りこまれ、個人的なことがらや課題がとりあげられた。

二冊めの本にはさらに大きな真実、さらに大きな理解が盛りこまれ、世界的なことがらや課題がとりあげられる。

三冊めにはあなたがいま理解できる限りの最も大きな真実が盛りこまれ、宇宙的なことがらと課題がとりあげられる——宇宙のすべての存在にかかわることがらだ。

この本を完成させるのにあなたは一年かかっているから、つぎの二冊にもそれぞれ一年かかるだろう。三部作が完成するのは一九九五年の復活祭の日曜日になる。

わかりました。それは命令ですか？

いや。そんな質問をするようでは、この本の内容を理解していない。あなたはこの仕事をすることを選んだ。あなたが選ばれた。循環は完結する。理解しただろうか？

はい。

⑬地球にユートピアが実現することはあるのでしょうか？　神は約束されたように、地球

のひとびとに姿を見せることがあるのでしょうか？　再臨はあるのでしょうか？　世界の終わりはくるのでしょうか。あるいは聖書で予言されている黙示録的世界の到来はあるのでしょうか？　たったひとつの真の宗教があるのでしょうか？　あるとすれば、どの宗教ですか？

それだけで一冊の本になる。三冊めのほとんどが、その問題で埋まるだろう。この一冊めでは、より個人的なことがら、より現実的なことがらだけをとりあげてきた。もっと大きな世界的、宇宙的意味のある問題やことがらは、このあとの分冊で扱うことにしよう。

それでは、これでおしまいですか？　もう対話は終わりですか？

もう、わたしをなつかしがっているのか？

そうです！　この対話は楽しかった！　もう、お別れですか？

あなたには少し休養が必要だ。読者も休養が必要だ。吸収すべきことがたくさんある。努力すべきことがたくさんある。考えるべきことがたくさんある。しばらくは休みなさい。

これについて考えなさい。思いをめぐらしなさい。見捨てられたと思わないように。わたしはつねにあなたとともにいる。質問があったら——毎日の暮らしのなかで質問があったら——いまでさえ、あなたにはほかにも質問したいことがあり、これからもずっとそうに違いないから——答えてくれと、わたしを呼べばいい。この本のような形式は必要ない。

わたしは、この本だけを通して語っているのではない。あなたの魂の真実のなかに、わたしの声を聴きなさい。正直な気持ちのなかに、わたしの声を聴きなさい。精神の静けさのなかに、わたしの声を聴きなさい。

どこででも、わたしの声を聴きなさい。質問があるときはいつでも、わたしがすでに答えているのだと思いなさい。そして、あなたの世界に目を開きなさい。わたしの答えはすでに発表されている記事のなかにあるかもしれない。これから聞く説教のなかにあるかもしれない。制作中の映画のなかにあるかもしれない。昨日、作曲されたばかりの歌のなかにあるかもしれない。愛するひとの口から出かかっている言葉のなかにあるかもしれない。知りあおうとしている新しい友人の心のなかにあるかもしれない。

わたしの真実は風のささやき、小川のせせらぎ、稲光《いなびかり》、雨音だ。土の感触、百合の香り、太陽の暖かさ、月の満ち欠けだ。

わたしの真実——そしてあなたが困ったときの頼りになる支え——は、夜空のように荘厳で、赤ちゃんのおしゃべりのように単純であどけない。
心臓の鼓動のようにささやき——わたしと一体になった息づかいのように静かだ。
わたしはあなたから離れない。離れることはできない。あなたはわたしの創造物、作品、娘であり息子、わたしの目的であり、そして、わたしの……、
自己だから。

だから、いつでもどこでも、神の平安から切り放されたら、わたしを呼びなさい。
わたしはそこにいるだろう。
真実と
光と
愛とをたずさえて。

おわりに

この本のなかの情報を受けとり、その言葉を静かに広めてからというもの、それをどんなふうに受けとったのか、どんな対話だったのかと何度も聞かれました。どの質問も、そして質問のまじめさも尊重いたします。みんな、もっと知りたがっている。そのことは理解できます。

すべての電話に応じ、すべての手紙に返事を書ければいいのですが、それは不可能です。何より、同じ質問にくり返し答えることになるでしょうから。そこで、質問を尊重しつつ、もっと効率的に答える方法を考えました。

この対話に関する質問や意見のあるかたがたに、毎月の手紙、月報を書くことに決めたのです。そうすれば、毎月、おびただしい手紙にいちいち返事を書かなくても、すべての質問に答え、すべてのご意見に対応することができるからです。もちろん、みなさんと接触する最善の方法ではないでしょうし、個人的にふれあうこともできませんが、いまのところは、それしかできません。わたしには秘書もいませんし、おおぜいのスタッフもいませんし、そのための場所を確保するつもりもありませんので。

月報をご希望の方は、まずは左記にお問い合わせください。

The Conversations with God Foundation
P.O.BOX 507, Ashland, OR97520, USA
電話　1-541-482-8806
Eメール　Foundation@CwG.org
ホームページ　www.conversationswithgod.org

この驚くべき対話をわたしと分かちあってくださったことにお礼を申し上げます。みなさんが、人生の豊かな祝福という最高の経験をなさいますように、そして人生における神の存在に気づき、毎日の暮らしと努力のすべてに平安と喜びと愛を得られますように。

ニール・ドナルド・ウォルシュ

## 訳者あとがき

『神との対話』、いったい何のことだろうと思われる読者もおいででしょう。原著には、「an uncommon dialogue」、ふつうではない対話、という副題がついています。あるとき、神がわたしに話しかけた、と著者は言います。そのとき著者は、何度かの離婚を経験し、失業し、めんどうを見なければならない妻子を抱えて、苦悩していました。自分は欠点もあるが、一生懸命に生きてきた。人間とは何か、人間らしい生き方とは何か、一生懸命に考えてきた。それなのに、どうしてこう何もかもうまくいかないのか。神さま、あんまりではありませんか、著者はそう神に手紙を書いたのです。悲しみや苦しみ、恨みつらみを綴《つづ》って、さてペンを置こうとしたとき、自然にペンが動いて、神からの返事を記しはじめた。こうして、のちに本書になる「ふつうではない対話」が始まりました。

世界を創造した神がいるのかどうか、混沌《こんとん》と秩序とが生々流転してやまない宇宙を創り出した神がいるのかどうか、わかりません。ただ、人格をもった神はいなくても、宇宙に働いている絶対的な力というものはあるのかもしれない、その力を理解しよう、把握しようとして、人間は大昔から「神さま」を思い描いてきたのだという気はします。人間には「神さま」が必要なのでしょう。言い換えれば、「神さま」は人間の脳のなかにあるのかもしれません。

　そうだとすれば、信ずる人間の数だけ神さまがいて、それぞれに似合った言葉で話しかけても不思議はない。その神さまの言葉がほんとうにすばらしいものならば、みんなで分かちあいたくなるのも当然でしょう。

　著者は長いあいだ、神を求め、真理を知りたいと願ってきたそうです。キリスト教の教えはもちろん、仏教などの東洋の智恵も、ニューエイジと言われる最近の考え方も勉強し、考え抜いてきたのでしょう。学び、考え、苦しんで、「準備ができた」とき、著者の神さまは語り出したのです。ここで語りかけている神の言葉は、歴史的伝統や社会的背景が違うわたしたちにもよく理解できます。

　人生は創造だ、日々新しい自分を創っていく、それが人生だよと神さまは教えています。どんな自分になりたいかを想像し、そういう自分だったらどう考え、話し、行動するか、考えてごらん、と言います。まず、自分を愛しなさい、自分の感情を大事にしなさい、そうしなくては、ひとを愛したり、ひとの感情を大事にしたりすることはできない、と言います。自分を振り返り、人生を考えてみたとき、しみじみと身にしみる言葉です。

　原著は一九九五年にアメリカの小さな出版社から出されましたが、大きな反響を呼んだため、版権を買いとった大手出版社が翌年、改めて本にしました。日本でも、おおぜいのみなさまに読んでいただけますように、そして毎日の荷物が少しでも軽くなり、新しい自分が見えてきますようにと願っております。

最後になりましたが、翻訳にあたってはサンマーク出版の青木由美子さんにほんとうにお世話になりました。この場をお借りしてお礼を申し上げます。

一九九七年八月

吉田　利子

# 解説

田口ランディ

一九九九年八月、私は『神との対話』の著者であるニール・ドナルド・ウォルシュ氏とお会いし、三時間にもおよぶ長いインタビューを行った。

ウォルシュ氏の第一印象は「俳優のようにハンサムな素敵な男性」だった。

インタビューの前日、挨拶のためにウォルシュ氏のホテルの部屋を訪問した。ウォルシュ氏は真っ白なコットンのパジャマを着ていた。それが彼の白い肌、柔らかな銀髪ととてもよく似合っており、なにか天使のように神々しかったのを記憶している。

翌日のインタビューには、インディゴ・ブルーのシャツ姿で現れた。ウォルシュ氏は終始にこやかで、私に対して真摯で、率直で、親密で、そしてとても謙虚であり、どこか寂しげにも感じられた。

インタビューの前に、私はもちろん『神との対話』を読んでいた。そして、当然のことながら疑っていた。

「この本は本当に神との対話によって書かれたのか?」。実はウォルシュ氏が自分で書いたのではないか……と。

ウォルシュ氏が対話したのは、神なのだろうか。神って実在するのか。神だと言っているだけで、本当はウォルシュ氏が一人二役をしていたのではないか。いやいや、神とはウォルシュ氏の妄想なのではないか。もしかしたらウォルシュ氏は解離性の人格障害なのではないか。

私は率直にウォルシュ氏に訊ねてみた。「あなたは本当に神と対話したのですか？」と。

ウォルシュ氏の答えは簡潔だった。

「私はその質問をしてくる人に対していつも、その質問はあまり意味がないというふうに答えています。問題は私がほんとうに神と会話したかどうかではなく、この本に書かれてあることのどれか一つでも、あなたが価値あるものと思ってくれたかどうかだと思うのです。

もしそれがあなたにとって価値のないものだと感じるなら、その源がなんであろうとそんなものは捨ててしまいなさいと言いたいのです。もし、意味があれば、その源を自分の側に置きなさい。アイデアがどこからやってきたか、ではなく、アイデアそのものの価値について語り合おうではありませんか、私はそう思います」

たぶん、ウォルシュ氏はこの質問を数限りなく受け続けているのだろう。

答えは丁寧だったが、どこか「なぜ人はかくも根拠を求めたがるのか」というため息が混じっているように感じた。

私がウォルシュ氏と会って、一番影響を受けたのは、この問答だった。

自分にとって価値がないと思うものは、それがどんなに素晴らしい根拠に基づいていても捨ててしまえ、と彼は言ったのだ。自分にとっても価値があると感じるものについて議論しよう……と。

私は長いこと、根拠が大切だと思ってきた。

まずはこの本も「神と対話」した、という宣伝文句なら、神が存在し、ウォルシュ氏に本を書かせたのが神であることを証明しなければならない。その事実関係がはっきりした後に、神の言葉とやらを聞こうではないか、と。

でも、ウォルシュ氏に会って、なぜそんなことが必要なのだろうと確かに思った。たとえば、神の存在を証明するということ、それだけでたぶん私の生涯は終わってしまうだろう。それが証明されないうちは本の内容の検討に入れないのだとしたら、私はこの本とは生涯出会うことができないだろう。

たとえば、ウォルシュ氏が最高のペテン師だったとする（あくまで仮定です）。そして、この本はすべてウォルシュ氏が自分の思考で書いたものだとする。だとしても、もしこの本の中に自分にとってなにかしら意味のあるヒントがあったのだとしたら、それを自分の側に置いていいではないか。

逆に、ウォルシュ氏が本当に神と対話していたとして、それが科学的に証明されたら、私は無条件にこの本の内容を受け入れてしまうのだろうか。自分にとってあまり意味のないものだと感じても、『神との対話』というタイトルで盲信してしまうのだろうか。そうだとしたら、自分はなんと「主体性」なく生きているのだろうか、と改めて思い知ってしまったのだ。

この体験は、私がその後、エッセイなどのノンフィクションを書くときに、とても役に立った。私はなるべく「あるがまま」を観ようと思うようになったのだ。そして「あるがまま」「感じたまま」を書こうと努めた。

根拠を先に考えるのではなく、何を感じて、自分が何を思考するかを書こうと思うようになった。何かを証明したり、善悪を判断したりする前に、自分にとってどういう意味があり、価値があるのかについて着目するようになった。

私の書くノンフィクションは「ウソか本当かわからない」と読者から指摘される。「自分の主観的な経験と思いつきを書いているだけで科学的な根拠に全く欠ける」という批判もよくいただく。

その時に、私が「自分に価値がないと思うのなら捨ててください」と返事を書くのは、ウォルシュ氏の受け売りである。私のエッセイはほとんどインターネットで無料で読めるので「価値がないと思ったものは読まなければいいのです」と堂々と言うようになった。科学論文を書いているのではない。自分に起こったことについて書いている。それは個人的な体験であり誰にでも当てはまるというものでもない。ただ、もし、自分にとって意味があると思ったら、読者が自分の責任で選択すればいいだけなのだ。

だから、私も『神との対話』は、これが真実かどうかについて問わない。そしてすべてを鵜呑みにしたりもしない。自分にとって価値があると思ったフレーズを、自分の側に置いている。

そうしなさいと教えてくれたのは、著者のウォルシュ氏である。


このインタビューの途中、何度かウォルシュ氏の状態が変化し、口調が変わることがあった。なにか違う存在がウォルシュ氏を通して話をしているような、そんな印象を覚えた。同席していた編集者や通訳の方も「あの時のウォルシュさんは、別の人みたいでしたね」という感想を述べた。

特にウォルシュ氏の口調が変わったのは「人間の覚醒」について触れたときだった。

「本当に世界を変える時期に来ている。今のような状態で私たちはずっと生きていくことはできない」

と、彼は強い口調で断言したのだ。威厳に満ちた低い声だった。ウォルシュ氏は終始ソフトで柔らかい口調で話す。断定形は極力避ける。だからこそよけいに口調の変化が際立ったのだ。

もし、彼と対話をしている神が、彼の言葉を借りて私の前に顕現しているとするなら、その神様はけっこう厳しそうで怖いな、と思った。

インタビューを通して感じたことは、ウォルシュ氏に語りかけている神様は、なにか急いでいるらしい、ということだ。急いでいるからこそ、神様ですら「使い勝手が悪い」とする言葉という道具を使って、メッセージを伝えようとしているのだろう。

私はウォルシュ氏から、私が覚醒できないのは、それは私の中にある恐れがじゃまをしているからではないかと言われた。

「心の眼を閉じてしまっているからではないでしょうか?」

そうかもしれない。そして、たぶん『神との対話』に書かれてあることを注意深くライフスタイルとして実行していけば、私は神様の言うように覚醒し、すべてと一つになれるかもしれない。

神様は急いでおられる。この世界のために一日でも早く一人でも多くの人に、宇宙の真理について気づいてほしいと願っているようだ。

だけども、私は、ウォルシュ氏のことは好きだけれど、ウォルシュ氏と対話をしている神様を好きではない。神様は「どんな感情ももっていい」と言っておられたので、私が神様を好きでないと言っても、私を愛してくれるだろうと信じてあえて言う。

ウォルシュ氏は「神の言葉をこの世で最も忠実に実行しようと努力している人物」であると、私には思えた。素敵な方だった。ウォルシュ氏は行動している。思考し、言葉によって本を書き、自らの言葉に忠実に生きようとしている。それは、彼にとってのあるべき人生なのだ。そして彼から学ぶところは多い。

しかし、ウォルシュ氏の神様は、私には直接話しかけないし、出て来てもちょっと威張っていて怖いのだった。そして、私にはお節介すぎる。

私は『神との対話』をウォルシュ氏とのインタビューの後、一度も読んでいない。読むと妙に納得してしまって困るのだ。なるべく早く忘れてしまおうと思っている。読んだという事実を否定する気はない。読んだけれども、この言葉に縛られてはダメだと思った。

もちろんアドバイスは受けるが、私は私のやり方でやっていく。効率は悪いし、何度も同じ場所で躓《つまず》く。歩みは遅く、不安と恐れにばかり気をとられている。

それでも、人から教えられてしまっては発見する喜びがなくなってしまう。私だって、いつか自分の神と対話したいし、この世界を自分で発見したいのだ。

そのとき、私は私のやり方で神の言葉を翻訳するだろうし、世界を私の眼鏡で見るだろう。それこそが私のリアルである。

ウォルシュ氏の神様は、神様の波動を翻訳した場所がアメリカなので、若干のグローバリゼーションが入っている。世界は一つかもしれないが、私には受け入れがたい。

私は貧乏まで神様にしてしまう八百万《やおよろず》の神の国の住人だ。悪ふざけのように多様であることが好きなのだ。

パソコンを買ったとき、マニュアルを読むよりも、わからないままにいじくっていて、そのうちに経験を頼りになんとかパソコンが使えるようになるほうが好きだ。すごく簡単な操作の方法を知らないで、難しく使っていることがよくあるけれど、それは私の個性である。そのように人生も、あちこちエラーしながらいじくっていたい、と私は思うタイプだ。あくまで自分がそうであるだけで他者には強要しない。

「あんたはそうやって、最後は機械をぶっ壊すだろう?」

と、理知的な男性からは非難される。でも、見よう見真似でパソコンを使っていると自分勝手な誤解や解釈がたくさん混じってくる。専門家からは考えられないような誤解の仕方が、私の世界認識に繋がっていく。

誤解の集大成こそが、実は世界じゃないのか。

私にはそう思える。というよりも、そういう世界のほうが好きだということだ。

二〇〇二年三月

本書は、一九九七年九月に刊行された、
サンマーク文庫『神との対話』の新装版です。

●著者略歴

## ニール・ドナルド・ウォルシュ〈Neale Donald Walsch〉

ニール・ドナルド・ウォルシュは現在、妻のナンシーと、アメリカ・オレゴン州南部の森の多い静かな地域で暮らしている。ふたりはひとびとが自分自身に立ち返ることを目標に掲げた「ReCreation（再創造）」という組織を創立した。

ウォルシュはいまも依頼にこたえて講演を行ったり、ワークショップを開催するなど、『神との対話』にこめられたメッセージをおおぜいの人に伝え、理解してもらうための活動を続けている。

●訳者略歴

## 吉田利子〈よしだ・としこ〉

埼玉県出身。東京教育大学文学部卒業。

訳書に、『神との対話』シリーズ、ジェローム・グループマン『毎日が贈りもの』（小社刊）、ソフィー・バーナム『天使の本』（ジャパン・タイムズ）、ジェフリー・M・シュウォーツ『不安でたまらない人たちへ』、ヘレン・フィッシャー『女の直感が男社会を覆す』（草思社）、マーク・バリシュ『癒しの道』（日経ＢＰ）、オリヴァー・サックス『火星の人類学者』（早川書房）、サンドラ・マーツ編『間違ってもいい、やってみたら』（講談社）、ディーン・オーニッシュ『愛は寿命をのばす』（光文社）など。

Conversations with God
by Neale Donald Walsch
Original English language edition

This edition published by arrangement with TarcherPerigee,
an imprint of Penguin Publishing Group,
a division of Penguin Random House LLC
through Tuttle-Mori Agency, Inc., Tokyo

サンマーク文庫

# 新装版　神との対話１


2018年４月20日　初版発行
2022年１月10日　第２刷発行

著者　N・D・ウォルシュ
訳者　吉田利子
発行人　植木宣隆
発行所　株式会社サンマーク出版
東京都新宿区高田馬場2-16-11
電話　03-5272-3166

フォーマットデザイン　重原　隆
本文DTP　J-ART
印刷　共同印刷株式会社
製本　株式会社若林製本工場





ISBN978-4-7631-6101-7 C0130

ホームページ　http://www.sunmark.co.jp

好評既刊 サンマーク文庫

## 微差力

斎藤一人

すべての大差は微差から生まれる。当代きっての実業家が語る、「少しの努力で幸せも富も手に入れる方法」。

543円

## 眼力

斎藤一人

「混乱の時代」を生き抜くために必要な力とは？　希代の経営者が放った渾身の1冊が、待望の文庫化。

600円

## 変な人の書いた世の中のしくみ

斎藤一人

しあわせ、心、人間関係、経済、仕事、この世……。人生を好転させる、大事な大事な「しくみ」の話。

680円

## おもしろすぎる成功法則

斎藤一人

成功とは「楽しい」や「おもしろい」の先にあるものです。累計納税額日本一の実業家が語る人生哲学書。

600円

## 気づいた人から成功できる「人」と「お金」の50のルール

斎藤一人

みんながいちばん知りたいことを伝えます。「いい人」をやめずに豊かに生きるための「お金」とのつきあい方。

600円

※価格はいずれも本体価格です。

好評既刊 サンマーク文庫

**運のいい人は知っている「宇宙銀行」の使い方**
植西 聰
人を喜ばせることで「徳」を積み立て、満期になると人生が好転しはじめる「宇宙銀行」の仕組みを解説。
600円

**心を上手に透視する方法**
T・ハーフェナー
福原美穂子＝訳
相手の考えていることが手に取るようにわかる、「マインド・リーディング」のテクニックを初公開。待望の文庫化。
780円

**脳からストレスを消す技術**
有田秀穂
セロトニンと涙が人生を変える！ 脳生理学者が教える、1日たった5分で効果が出る驚きの「心のリセット法」。
660円

**見るだけで運がよくなる「聖なる絵本」**
エレマリア
天使・妖精・ペガサス・ユニコーン……絵を見るだけで「聖なる存在たち」があなたと共鳴し、祝福します。
940円

**見るだけで運がよくなる「天使の絵本」**
エレマリア
愛と神聖なパワーにあふれた天使とつながるための本。あなたにたくさんのミラクルが起こります。
925円

※価格はいずれも本体価格です。